化粧を語る・化粧で語る

社会・文化的文脈と個人の関係性

木戸彩恵 著
Ayae Kido

ナカニシヤ出版

はじめに

　本書は，化粧心理学のなかでも発達・文化・社会に焦点を当てた論考から構成されている。

　多様なレベルの視覚的なコミュニケーションが存在する現代社会のなかで，外見を管理し表現することの重要性は男女を問わず高まっている。ファッションのトレンドはシーズンごとに移り替わり，化粧やよそおいもトレンドに合わせてシーズンごとに顔が変わっていく。シーズンごとに発信されるトレンドは，マルチレベルで配信され，抗えないほどの魅力で私たちの心を惹きつける。トレンドに合わせて化粧品や衣服を買い換え，自分自身を更新しているという人も少なくないだろう。

　このような移り気な表層の下にあるのは，有史以来受け継がれてきた化粧やよそおいの「文化」である。文化は記号であり，記号には意味が付与されている。トレンドの移り変わりは記号の表層的な様式の変容をもたらすが，多くの場合には，記号そのものが書き換えられるわけではない。表層的な様式が変わったところで，化粧行為の質は，それが文化として維持され続けている限りにおいて持続し続ける。

　記号の本質のようなもの，すなわち，化粧というキラキラとしたイメージをもつ表層の下にあるのは人びとのどのような営みであり，どのような指向性だろう。「化粧を語る・化粧で語る」という本書のタイトルに込めたのは，化粧に対する筆者の根源的な問いである。本書を通して筆者が明らかにしたいのは，「可愛くなりたい」「魅力的になりたい」という単純な欲求や心理ではない。むしろ，対話するように女性たちが日常生活のなかで化粧行為を調整し，自らの身体をチューンアップしていく行為そのもののあり方と発達における維持・変容の様相に迫りたい。これらの様相を明らかにすることで，一層深いレベルで化粧行為を理解することが可能になる。一つは，なぜ化粧という一見すると時間的にも経済的にもコストを要し，無駄なようにも見える行為を私たちが維持

し続けているのかという文化を維持する根拠の理解である。もう一つは，日常レベル，発達レベルそれぞれのレベルにおける宛先に応じた化粧行為の調整とそれによる自己の変容過程の理解である。女性たちは日常的な場面において多くの場合自動化された行為として「化粧で」自身の身体を「語る」。非日常的で特別な場面では，専門家に化粧を施してもらい，自覚的に日常とは異なる身体性をつくりだし，自身の身体を「語る」こともある。「化粧で語る」その宛先は自らに宛てられることもあれば，他者や場所に宛てられることもある。

　本書では，女性たちに「化粧を語る」ように依頼し，身体的な実践を言語化し意味づけてもらった。女性たちの化粧の語りで構成された本書を読み進めていくうちに，「化粧で語る」ときにその人の生き方や生きる文脈を切り離して理解することが難しいという単純な事実に気づくだろう。1990年代にナラティヴ・ターンはものの見方の転換をもたらしたとされる。化粧をナラティヴとみなし，いま一度その意味を問い直すこともまた，無自覚な文化に対する気づきもたらし，化粧行為の本来的な力を引き出すためのものの見方の転換につながると筆者は信じている。

2015年3月

木戸彩恵

目 次

はじめに　i

序　章　化粧は語りである ………………………………………………… 1
第1章　化粧する心──心理学的化粧観 …………………………………… 9
　　第1節　化粧とは　10
　　第2節　化粧の心理学　12
　　第3節　化粧する心の理解に向けて　20
第2章　語りと文脈──ナラティヴの視点 ………………………………… 23
　　第1節　語りの研究　24
　　第2節　社会・文化的アプローチ　31
　　第3節　場所(トポス)と移行　38
第3章　本書の視座，構成と目的 …………………………………………… 43
　　第1節　本書の視座　44
　　第2節　本書の構成と目的　48
第4章　研究1　化粧行為と宛先 …………………………………………… 51
　　第1節　場所と宛先　52
　　第2節　目　的　55
　　第3節　方　法　55
　　第4節　結　果　59
　　第5節　日常における宛先の移行　76
　　第6節　多重の場所のなかで展開される化粧　79
第5章　研究2　宛先の発達と変容 ………………………………………… 83
　　第1節　宛先と役割　84
　　第2節　目　的　86
　　第3節　方　法　87

　　　　　第4節　結　　果　89
　　　　　第5節　宛先の変容とスイッチング　94
　　　　　第6節　化粧の意味の発達　98
第6章　研究3　化粧行為の形成過程 ……………………………… 101
　　　　　第1節　化粧行為の形成と発達　102
　　　　　第2節　目　　的　103
　　　　　第3節　方　　法　103
　　　　　第4節　結　　果　105
　　　　　第5節　化粧行為形成に至る各フェーズ　108
　　　　　第6節　日本における化粧行為の形成過程の特徴　114
第7章　研究4　文脈の変容に伴う化粧行為の変容 …………… 117
　　　　　第1節　異なる社会・文化的文脈に参入する経験　118
　　　　　第2節　目　　的　118
　　　　　第3節　方　　法　119
　　　　　第4節　結　　果　120
　　　　　第5節　異文化参入による化粧行為の変容過程　124
　　　　　第6節　化粧行為の文脈の移行と意味の変容　128
第8章　化粧を語る・化粧で語る ………………………………… 131
　　　　　第1節　調査研究のまとめ　132
　　　　　第2節　本書の研究を通した化粧研究の課題　138
　　　　　第3節　よそおいによる心理支援の可能性に向けて　142
　　　　　第4節　化粧の語りをめぐって　146

付　　記　162
引用文献　163
資　　料　171
あとがき　187
索　　引　191

序章

化粧は語りである

0. 化粧の語り─そのダイナミズム─

　化粧とは自己を物語る行為である。

　化粧を肌表面の問題として捉える場合には，次のように定義することができる。すなわち，化粧とは顔を中心とする身体に意図的な加工（肌の手入れ，顔面の色・質感・形の変形）を施し，容貌に変化をもたらす行為である。この定義は，"Beauty is only skin deep"（見目よりこころ）という考えに基づく。

　一方で，筆者は化粧を捉えるときに"Beauty is not only skin deep"と考える。なぜなら，私たちは化粧の仕上がりによって，自分自身が変化する可能性を感じ，同時に変化によりもたらされる自分自身の変容を期待するからである。

　化粧をするためには，多かれ少なかれ時間や手間，そして経済的負担を必要とする。化粧行為を行う前に，私たちはある時には雑誌やメディアなどに出てくるファッションやメイクをお手本にして，自分自身をよりよく見せようと努力することもある。またある時には高価で質の高い化粧品を手に入れようとすることもある。私たちは，なりたい自分に近づけたり，自分をよりよく見せたりするために，どこに重点をおいて化粧をすればいいのか，そのためにはどのような方法を選び，どのように自分自身を表現していったらいいか考えながら化粧をする。

　さて，本書では，「化粧を語る・化粧で語る」がテーマとなる。「語り」を扱うために，本書ではナラティヴ・アプローチを用いる。本書で使用するナラティヴ論，もしくは単にナラティヴといわれるものは，自己と他者，そして社会・文化的文脈のダイナミックな相互作用を物語として読み解くための理論である。ナラティヴ論は，現象に対する，そして自己に対する新しい理解が出現し，その理解を基盤とした意味づけに新たな物語が生成されゆく過程を探るための視座を与えるものである。本書では，従来，言語的なやりとりを主に扱ってきたナラティヴ論を非言語的やりとりに拡張し，化粧行為を読み解く。つまり，化粧行為をナラティヴとしてとらえ，広義の言語によって語る行為と語られたものとして読み解くように試みる。ここから，文化と発達に主軸を置いた自己と宛先（addressivity；Bakhtin, 1981）の関係のダイナミズムと，社会・文化的文脈のあり方と化粧行為の関連について明らかにする。

1. 化粧の歴史

　化粧は，古代から現在に至るまで，人類のあらゆる文化において，さまざまな様式を取り入れつつ続けられてきた普遍的行為である。化粧は，紀元前3000年紀の古代エジプトにおいては，神官階級の特権であり，象徴的意味をもつ行為であった。また，紀元前2500年以降，民衆に普及した後も，身体に化粧を施すことは儀礼として社会を運営するシステムの一部として機能すると同時に，特権階級と民衆とを分かつしるしになっていた（Paquet, 1997）。古代の日本でも同様に，神事の際に男性が化粧をしていたといわれている（村澤, 1992）。その後も，異なる時代背景のなかでその意味合いを少しずつ変化させつつ，明治維新に至るまでの間，化粧は男性の地位や権力の象徴として機能していた。化粧の主役が女性へと移り変わったのは，明治維新以後のことである。しかし，当初は化粧品が現在と比べて高価であったことから，化粧をすることができるのは上流階級の女性に限られており，依然として化粧は女性のなかでも地位を示すものとして使用されていた。以降，化粧品生産の技術の増進と女性の社会進出などを背景に化粧は一般の女性にも普及し，現在では子どもから老人までが広く取り入れる行為となった。

2. 化粧心理学の特徴とその問題点

　化粧の普及に伴い，化粧をテーマとして扱う学術的研究も行われるようになった。化粧は，哲学，社会学（ジェンダー研究を含む），文化人類学，そして心理学といった人文科学分野を中心に研究されてきた。心理学の分野においては，はじめに1980年代に臨床心理学的効用を精査するための研究が開始された。以後，多岐にわたる心理学の研究領域（臨床心理学・生理心理学・社会心理学・比較文化心理学など）で研究が進められ，現在では，心理学の化粧研究を総称して「化粧心理学」と呼ぶようになった。

　人文科学における先行研究は，以下の2つの特徴をもつ。第1に，化粧をする成人女性が研究の前提となってきた。第2に，化粧行為を捉えるまなざしは，肯定的なまなざしと批判的なまなざしの2つに大きく分かれそれぞれに論じられてきた。肯定的なまなざしのもとでは，化粧は女性の生き方を支え，高めていくものとされてきた。一方，批判的なまなざしのもとでは，化粧は女性の生

き方を抑圧し，苦痛を与えるものとされてきた。こうした化粧行為へのまなざしから，化粧は人文科学領域において両価的な価値づけのもとにとらえられつづけている。

　化粧心理学において，化粧は基本的に肯定的なまなざしでとらえられてきた。心理学の研究において化粧は他者からの肯定的な評価を得るための印象管理の手段とみなされ，化粧は「女性を魅力的に見せる」「女性の自己肯定観を高める」という効果・効用が，数量化されたデータをもとに強調されてきた。実験や調査研究を進めるなかで心理学者たちは，化粧を単にディスプレイと捉えてきたように思われる。なぜなら化粧を見る「他者」の観点を中心とした研究においては，化粧はあたかも絵を鑑賞するように評価され，他方，化粧をする「自己」の観点を扱う研究においては，あたかも画家が自らの描いた絵に対する自己評価を与えるかのように化粧は評価されてきたからである。こうした研究のなかで，化粧をする当事者としての個人の存在は，取り残された存在になってしまったのではないだろうか。

　さらに言えば，心理学の研究の文脈では，行為としての化粧という考え方もまた，取りこぼされた観点の1つであった。日常生活を基準に考えると，化粧は常に出来上がった状態にあるものではない。また，社会心理学の化粧研究では，ノーメイク状態とフルメイク状態を比較検討するようなプレ・ポスト研究の手法がよく使われるが，化粧は実際の場面において1か0のみで語れるわけではない。化粧は，行為を通して個人がつくりあげていくものである。阿部（2008）によれば，化粧は，大人の女性が私的空間で終了させ，公共空間にはその完成形の存在のみが許されるものである。この考え方に基づくと，化粧行為の過程は私的な行為とされるし，電車などの公的な場所で化粧をすることはマナー違反とされる。同時に，化粧をした顔は公的な人の顔ともみなされる。そのため，職場などの公的な場所で化粧をしていないことはマナー違反ということになる。

　しかし，実際には私たちは化粧をするときには「5分先のコンビニエンスストアにいる私」や「2時間先のデートの待ち合わせに向かう私」，「オンタイムのオフィスにいる私」など，宛先を想定して，宛先と過去経験を照らし合わせながら，公的な場所にふさわしい自分をつくり演出しようとする。化粧をする

ときに個人は，鏡に映る自分と向かいながら公的な場所を想像し，自らがどう見られるか，自らをどう見せたいか，想像をめぐらす。そして，その場所にあるべき自分に近づけるように化粧を施していく。それは段階的な手順のある過程であり，化粧行為の一連の過程は，自己の身体をつくりあげるという意味でとても心理的であることが分かる。

これまでにも化粧心理学のなかでの研究は多く積みあげられてきたが，まだ明かされていないことは多い。本書ではその一つとして，個人の視点に立った化粧行為と個人の経験，そして意味づけの問題を扱う。化粧による社会的階層や地位の表現といった側面が薄れ，日常的な行為として取り入れられている現在，化粧は人々によってどのようにとらえられているのか，また，その意義はどこにあるのか。化粧行為を文化としてとらえ，理解するためにはどのように心理学的な観点からアプローチすればいいのだろうか。

3. ナラティヴ論が開く化粧の可能性

これまでに述べてきたように，多くの心理学者たちは，「どの程度化粧が効果的であるのか」「魅力的な外見に近づくにはどうするべきか」という点に関心をもち研究を進めてきた。しかし，より現実に近い化粧行為のあり方を捉えるためには，当事者の視点に立ち，当事者が「いかに化粧行為を体験しているのか」を意識的にとらえる必要がある。そのためには研究における「自己」の捉え方を転換する必要がある。つまり，これまで単なるディスプレイとして，静的な存在としてとらえられてきた受け身的な「自己」から，動的で主体的な存在としての「自己」に位置づけ直すのである。本書では，自己を「出来事に立ち会っている人」と定義し，当事者としての個人の化粧行為を軸に現象に対する理解を深めたい。

当事者の語りから個人の経験や意味に接近するための理論として，ナラティヴ論がある。ナラティヴ論の枠組みでは，限られた社会・文化的文脈のなかで生きる当事者として個人を位置づけ，個別具体的な現象の理解に基づく知見をもたらすことが目的とされる。ナラティヴ論を導入することにより，社会・文化的文脈と当事者としての個人の関係性のダイナミズムや当事者としての自己と他者の関係性を，個人がいかに受け止め，説明し，意味づけるのかを明らか

にすることができる。本書の内容に引き寄せて言い換えると，化粧行為を介して，個人が，社会・文化的文脈や，他者との関係性をいかに受けとめ，説明し，意味づけ，そして実践しているのかを描き出すことを，ナラティヴ論が可能にしてくれる。

　ナラティヴ論を導入する際に，本書では対話と宛先に焦点化する。先に述べたように，言葉の代わりに化粧を媒介として実施される相互作用の一連のプロセスとしてとらえる場合，そのプロセスは当事者としての個人が次に身をおく場所(トポス)の文脈における過去経験とその個人とのダイナミクスに基づき，対話的に構成される。ナラティヴ論のなかでも対話に焦点を当てる場合には，個人の内面的な動きではなく人間相互のやりとりに注目する。それは，対話のなかで言葉のもつ力や自己がいかに形成され，再形成されるかに注目するというナラティヴ論の特徴を活かして研究を進めたいからである（Monk, Winslade, Crocket, & Epston, 1997：国重・バーナード訳, 2008)。ナラティヴ論のなかで対話として化粧行為をとらえる際には，それが「どこの誰に向かっているか」を考える必要がある。なぜなら，それによって当事者としての個人が「どう化粧をするか」決定していくからである。本書では，「どこの誰に向かっているか」を明らかにするために宛先（addressivity：Bakhtin, 1981）を用いる。

　宛先とは，バフチン（Bakhtin, 1981）の提唱した概念であり，対話が誰に向けて発せられているかを読み解く鍵となる。語りはどんな発話でも宛先なしでは完成しない。そして，たとえそれが対話ではなく独言（モノローグ）である場合にも，必ず誰かに向かっており，宛先をもつ。ここでは「発話にはその作成者と発話の宛先が常に存在するものである」（Bakhtin, 1986, p. 95）という考えに基づいて，化粧行為を論じる。さらに，対話と宛先をとらえることにより，当事者にとって化粧行為が「どう解釈されるか」という意味の行為（meaning of act；Bruner, 1990；岡本他訳, 1999）に接近する。これらを総合して，化粧行為を意味づける社会・文化的文脈のあり方を生涯発達と文化の観点から心理学的に理解することを目指す。

　ナラティヴとして化粧行為を捉えることで，自己と宛先の「間」で構成され，関係性を生成しつづけるものとして化粧行為を理解することができる。化粧行為のような日常的な現象を扱うことは，社会・文化的文脈のなかで生きる個人

の実感に即した研究の知見を提供することにつながるだろう。化粧は形のない言葉ほど即時的な性質をもつものでもなく，絵画や写真，着物ほど持続性をもつわけではない。

　本書では，調査協力者が「化粧を語り」，「化粧で語る」ことの意味を再構成していく。本書に載せた研究は言葉以外の可視化された現象を，研究の対象としているという点で，ナラティヴ研究にとっての挑戦的な試みである。自己と宛先の関係性をナラティヴとして読み解くという点で，化粧心理学における対人関係やコミュニケーションのパラダイムの転換につなげたい。

第 1 章

化粧する心
―心理学的化粧観

本書は，化粧行為が社会・文化的文脈を生きる人にとってどのような意味をもつ行為として経験されるかを明らかにする。「化粧で語る」人の心を理解するために，第1章では心理と化粧，社会・文化的文脈に基づく対人関係のパラダイムについて論じる。

第1章では，初めに化粧とは何かを定義する。次いで，先行研究をレビューし，心理学における化粧研究とその課題を指摘する。そのうえで社会・文化的文脈における関係性をつくりだす化粧行為をとらえることの意義を述べる。そして，特定の社会・文化的文脈のなかで生きる人間をとらえるために，物語る行為として化粧を扱うナラティヴ研究ならではの視点を取り入れる必要性に言及する。

第1節 化粧とは

1. 化粧の定義

一般に「化粧」はスキンケアからメイクアップに至るまで，多くの意味を包含する多義的な言葉として用いられる。化粧は，被服や髪型など，他のよそおいと同様に，身体によって個人を表現するための文化的な手段の1つとされる。研究者によって化粧の定義は異なるが，ここでは代表的な先行研究で用いられた化粧の定義をひもとく。

久下（1970）は，化粧の目的を「人は動物と違って，自分の容姿を美化することによって少しでも老いることをふせごうと心がける。これが美粧であって，そのために化粧が用いられることになる」とし，若くありたい，自身を美しく見せたいという欲求を満たすための人間に固有の文化的行為としての化粧の側面を強調している。また，化粧の範囲をスキンケアからメイクアップ，場合によってはその人のもつ雰囲気までトータルとしてとらえ，「化粧をするということは，生まれ備わった体色・毛色・容貌，つまり顔形の卵型・楕円型・四角型・三角型・逆三角型・ひし形・丸型といった基本型に対し眉目鼻口耳等の位置，大きさ，高さ，形様等のうえから創造され，描かれる顔貌の均斉・調和の美の基準によってこれを表現すべく，朱粉脂香等の化粧品を用いて特別の優れた美顔術を施すことである」と定義している。

大坊（1997）は，社会心理学的観点から化粧をメイクアップを通した自己の演出機能に限定して，化粧行為に「変身」と「粧う」の2通りの意図が含まれていると述べている。前者の「変身」には，素顔に色彩を施し，眉を描き直したり，まつげを長くしたりするなどして，構造的に容易には変えられない顔の特徴を操作し，印象を変えようとする意図が含まれている。日常の自分と特別な自分との切り替え，日々の自分から抜け出すこと，抑制されている自己の別な側面をさらすことがその目的とされる。後者の「粧う」は，いつもの自分に手を加え，恒常的に一定の対人的効果を目指すものであり，いわば自己の「改善」行為を意図して行われるとされる。

　では，化粧をする際に欠かせない化粧品についてはどうだろうか。ここでは，薬事法による化粧の定義と心理学的な研究で用いられている化粧品の機能に関する定義について触れておく。化粧品は，薬事法第二条では次のように定義されている。「『化粧品』とは，人の身体を清潔にし，美化し，魅力を増し，容貌を変え，又は皮膚若しくは毛髪を健やかに保つために，身体に塗擦，散布その他これらに類似する方法で使用されることが目的とされている物で，人体に対する作用が緩和なものをいう」（電子政府, 2015)[1]。このように，薬事法では，スキンケアとメイクアップの両方を含む記述により化粧品が説明されている。

　心理学に限定すれば，化粧品のもつ機能に関する分類を，阿部（2001）が行っている。阿部（2001）によると，化粧品は1）ケア，2）メイクアップ，3）フレグランスに大きく分類することができるとされる。1）のケアは，一般的にスキンケアと称される「維持」機能を2）のメイクアップと3）のフレグランスは「演出」の機能を果たす。なお，2）メイクアップは「維持」機能ともやや関連するとされている。

2．本書における化粧の定義と適用

　先行研究での化粧の定義と薬事法の法的立場に基づく化粧の定義にも垣間みることができるように，化粧は「ケア」と「ビューティフィケーション」という2つの異なる側面を併せもつ。前者の「ケア」としての化粧は，自己や自己の身体を慈しむ行為であり，手入れ，健康の維持といった目的も含まれる個人内的（intra-personal）な性質をもつ化粧の側面である。一方，後者の「ビュー

ティフィケーション」としての化粧は他者に対して自分らしさをアピールするために化粧を施している自分をみる「他者」を想定し，他者との対峙を目的とした関係的（inter-personal）な性質をもつ化粧の側面である。

　本書では，化粧の中でも，特にメイクアップに焦点をあてて論じるが，中心に据えるのは個人の内的な視点と他者との関係的な視点の中間にある間（in-between-personal）の視点である。そして，他者との対峙・対話を目的とした「ビューティフィケーション」としての化粧と社会・文化的文脈における関係性をめぐる問題を検討する。なお，本書では，特にことわりのない限り，「化粧」をメイクアップを意味する言葉として用いる。化粧の機能や化粧品の使用は，上述した定義に従って分けられるが，実際の場面ではそれぞれ複雑に連関しあいながら全体としてその行為が生成される。それゆえ，本書のなかでも化粧に関する記述が多少の曖昧さを含むことについては，留意しておきたい。

第2節　化粧の心理学

1. 化粧心理学の歴史的経緯

　日本国内で化粧を心理学の対象として扱った研究として最も古い論文は，阿部（2008）の記述によれば，吉田（1984）が『フレグランスジャーナル』で紹介した研究であるとされる。これは，1965年に開始されたメイクアップの労働負担緩和効果についての研究である。この研究は，現在でも化粧心理学を語る際に欠かすことのできない文献である "The Psychology of Cosmetic Treatments"（Graham & Klingman, 1985）に先んじている。吉田（1984）の研究は，日本で化粧の心理的効用について世界レベルで比較してもかなり早い段階から学術的な意義を見いだそうとする試みがなされていたことを示している。以後，1990年代を中心に多くの研究が実施され，その成果は『化粧心理学』（資生堂ビューティサイエンス研究所，1993），『被服と化粧の社会心理学』（大坊，1996），『化粧行動の社会心理学』（大坊・高木，1994）などとしてまとめられている。そして現在では，研究へのアプローチ方法も取り扱う対象も広がり，心理学における学術的な知の体系としての化粧心理学が確立されている。

2. 専門領域別にみた化粧心理学の研究

　以下では，心理学の研究のなかで化粧心理学として研究を推進してきた主要な領域について概説する。ここでは，化粧心理学の歴史のなかで最も初期から研究されてきた（1）臨床心理学領域の研究について初めに説明する。次に，臨床心理学的効用を裏づけるために行われることの多い（2）生理心理学的・免疫学的領域の研究について触れる。そして，自己と他者の関係性を扱う研究の領域として，（3）社会心理学的領域，（4）比較文化心理学領域の2つの領域における研究について説明する。

(1) 臨床心理学領域における化粧研究

　化粧を「ケア」や「セラピー」の一貫と捉える研究として代表格といえるのが，心身に疾患をもった人を対象とする臨床的研究である。臨床的研究は，グラハムとクリングマン（Graham & Klingman, 1985）による化粧の臨床的効用についての関心からはじめられた。化粧を臨床場面に適用することにより，情動の活性化，食欲の上昇，老人の痴呆の改善などといったポジティブな効用があるとされる。具体的には，太田母斑などのような外観に障害をもつ人，老人性痴呆症を中心にうつ病や統合失調症など精神に障害をもつ患者の症状改善に役立ったという報告がなされている（野澤，2004；加藤・小松・濱畑，2005など）。現在では，このように多様な臨床現場での研究が積み重ねられ，検討された結果として，福祉・医療を目的とした化粧サービスが各方面で取り入れられている。美容先進国であるフランスの医療現場では，異なる分野の専門家たち（たとえば，医師，看護師，理学療法士，心理学者など）がチームをつくり，治療におけるヒューマン・ケアの一環として化粧を取り入れている。そして，病院などで化粧を施す行為が，ソシオ・エステティックと呼ばれる国家資格となっている。この資格は美容ケアを対人援助として導入するために用いられるものであるが，単に化粧やエステを施すという目的を超えて，肉体的苦痛（病気・事故・外科手術・老化），精神的苦痛（精神障害，アルコールや薬物依存症），そして社会的苦痛（失業や服役）を負った弱者に対して，実地で順応できるような教育がなされる（マグダーノ，2010）。

　一方，日本では，これまでに化粧によるケアは主としてボランティアが担っ

てきた。現在では，こうした海外の取り組みを受け，化粧が医療行為を支える周辺領域にあるものとして積極的に治療に取り入れる試みがなされはじめている。また，臨床的ケアとして化粧を活用するための資格の整備がはじめられている。

(2) 生理心理学・免疫学的領域における化粧研究

第2に，化粧が心身の健康に与える直接的な影響を検討することを目的として，生理指標を用いる生理心理学・免疫学的な研究がある。生理指標を用いた研究は，特に，スキンケアやフレグランスの効果をリラクゼーションあるいは主観的満足感と結びつけて研究するものが多い。

木戸・サトウ・佐々木・吉井（2006）では，女性の身体的・内的な変化を表す指標として，肌状態に着目し，肌表面の生理指標と心理的要因の関連性を検討するための基礎的な研究を行った。この研究から，日常生活の充実感が主観的な肌状態の良好さに影響することが明らかになった。また，阿部（2002）は，スキンケアと生理指標の相関性を精査し，スキンケアが日常生活でふりかかるストレスを緩和し，本来の自分らしさを取り戻す機能としての効果をもつことを報告している。さらに，菅（2004）は，S-lgA濃度を指標とした精神神経免疫学的な手法から，化粧品が心理的健康にもたらす効果と，免疫の活性化への有益な効果をもつことを確認している。この他にも，藤林・斎藤・大田・松本・森谷（2008）が，シート型コスメティック・フェイシャルマスクを用いて，フェイシャルマスクの総合的な質感が，直接的あるいは間接的に自律神経系に作用し，副交感神経活動の亢進により，心拍数を減少させる効果があること，短時間のフェイシャルマスクの装着が，肌の潤い感と心理的な爽快感を生み出し，それにより心身のリラクゼーション効果が得られることを明らかにしている。

これらの研究は，化粧の使用が単に肌表面に見かけ上の状態の変化をもたらすだけでなく，内的で心理的な効用をもたらしていることを明らかにしている。肌の状態が良いと気持ちよく一日を過ごすことができるというように，個人にとっては，肌の状態と日常生活の充実は密接にかかわると考えられる。特に，スキンケアにより肌の状態を整えるプロセスは，生理的な状態のみではなく心理的な状態をも良好な状態に向かわせ，免疫力を高める役割をもつことがこれ

までの化粧研究により明らかになっている。化粧を通じて心理的な状態を良好に保つことは，予防医学や生活の質（クオリティ・オブ・ライフ），幸福感（ウェルビーイング）という観点にも重要な示唆を与えるものと考えられる。これは，翻って臨床的な研究にもつながる知見となる。

(3) 社会心理学的領域における化粧研究

第3に，社会心理学的研究があげられる。化粧により自己意識や社会的積極性が影響されると考える社会心理学的研究領域では，対人関係における非言語的コミュニケーションの一環として，化粧のなかでもメイクアップの果たす役割について多くの研究が行われてきた。特に，社会心理学領域におけるメイクアップの研究は，容貌印象管理のなかでも，対人コミュニケーションや社会的スキル，性役割といった観点から注目されている。

キャッシュ・ドーソン・デイビス・ガームベック（Cash, Dawson, Davis, Bowen, & Galmbeck, 1989）は，女性の身体的魅力と化粧の関連について研究を行った。ルッド（Rudd, 1999）は女子大学生のボディイメージと化粧を含む容貌印象管理行動のかかわりを研究した。そして，マックとレイニー（Mack & Rainey, 1990）の研究によっても，化粧を含む外見の手入れを入念にしている外見魅力の高い人の方が企業に採用されやすいことが報告されている。このような研究を通じて，化粧をマナーとみなす社会的傾向性が強いことが明らかになっている。研究は，いかに社会的役割として女性の化粧行為や容貌印象管理が求められているかを示唆する知見を提供する。

また，大坊（2004）は，化粧を社会的スキルとみなし，一連の研究を通じて化粧のもつ心理的な働きを以下の3つにまとめている。それぞれ，1）自己満足感と対人的な効用といえる役割遂行，2）自己呈示を通じてなされる自尊心の向上，3）他者からの評価向上による満足感である。対人関係を扱う社会心理学的研究については，本書との関連が強いため，本章の第3節でより詳しく説明したい。

(4) 比較文化心理学領域における化粧研究

第4に，比較文化心理学領域における研究がある。比較文化心理学において

は，民族による魅力的な顔，「美人」顔の形態特徴やその認知方法といった個々の要素に焦点をあて，アジア圏内でその差異を検討する研究が主流となってきた。その背景となる理由として，もともと顔立ちや体つきが違う西洋と東洋とを比較しても検討結果が身体の形態的な違いに起因するか，文化的社会的な違いへの気づきに起因するか明らかになりづらいこと，そして日本が経済大国となり，欧米だけでなくアジアにも目が向くようになったことがあげられる（大坊，2001）。

具体的に，アジア圏内での差異を検討する研究としては，大坊・村澤・趙（1994）が，日本と韓国の女子大生を対象とし，両国の女性の容貌写真の提示を行い，自国民らしさと対人魅力度・パーソナリティ印象といった特徴を調査対象者に評定させ，その文化差や回答の傾向性を精査した研究がある。この研究の結果として，日本人の顔の認識方法が，韓国人と比較して平面的であることが明らかになった。これは，日本の正面顔文化，韓国の横顔文化という国際的にとらえた場合の文化的背景要因ともつながる知見である。

比較文化心理学においては，人を文化に属するものとみなすことで，文化間の差を比較検討する手法が主として用いられる。そのため，国民性や文化についてダイナミックな知見が得られることが特徴となる。

3．化粧心理学の課題
(1) 従来の化粧心理学の視点

先に述べた通り，心理学における従来の化粧研究は，多くが化粧をする青年期以降の女性を研究対象あるいは前提としてきた。また，心理学の理論的な知見をもとにトップダウン的視点から化粧の有用性を検証してきた。これらの研究では，客観的な指標を用いたアプローチ法を採用することで人文科学としての科学性を担保し，知見を一般化することが目指される。そのため，従来の化粧心理学の研究においては，総じて社会的規範に従うための道具として化粧が扱われ，女性にとってポジティブな効用をもたらすという傾向性を示す研究知見が多く産出されてきた。

では，心理学以外の学術的な議論のなかで，化粧はどのような視点から捉えられてきただろうか。デリンジャーとウィリアムス（Dellinger & Williams,

1997) は，化粧について議論してきた社会学者たちが，化粧を父権的な文化の強制あるいは，女性としてのアイデンティティの喜びの表現とみなしてきたと述べている。前者のアプローチは，女性の主体性を無視しており，抑圧的な父性的イデオロギーが女性の実際の習慣として変換されるプロセスの説明を怠っている。後者のアプローチは，女性の自己表現の可能性を誇張し，さらに女性の化粧の使用を規定する特定の社会的文脈の意味を表現することで，魅力の規範意識に対する抵抗を示している。これら2つのアプローチのいずれも，研究の視点として女性の主体性とプロセス前提としていない。デリンジャーとウィリアムス（1997）の指摘は，社会学の社会的枠組みから事象をトップダウンに捉える大きな視点に疑問を投げかけている指摘である。これは化粧心理学において，例えばアイデンティティや対人スキルなどのように，すでに科学的な検討がなされた心理学概念を軸として事象を捉えるスタイルに基づく研究の構造にも共通する問題である。

　化粧心理学の知見は実践的知見として使用されることが多い。研究知見は社会で応用され，実際の女性の化粧行為にも影響を及ぼすようになる。特に，医療や介護の現場に化粧心理学からの影響は顕著に反映され，現場の改善に役立てられている。西倉(2006)は，疾患や外傷に施される化粧としてのカムフラージュ・メイクを受ける当事者に対するインタビュー調査から，メイクサービス提供者と当事者のニーズの認識のずれを指摘している。そして，サービス提供者が，化粧がもつ従来の意味に引っ張られ，「カムフラージュ・メイク＝美しい顔をつくるもの」と思いこんでいる可能性を指摘している。また，大渕(1989)は，老人のおしゃれや身だしなみについて，日本には根強く年相応という社会規範があり，老人は地味なのが年相応という考え方が根強いため，個人の主体性や人間性が無視されやすいと述べている。そして，従来の老人ホームでのケアがこうした固定観念や偏見，機能性を重視してきたことを指摘したうえで，老人のケアをする者は，老人が高齢になってもおしゃれ心をなくさないように応援する姿勢が大切であると述べている。さらに，そのためには，積極的に身だしなみのケアを取り入れ，その人らしさを失わず，おしゃれ心が生き方に影響されることを考えながらケアしていく必要があるとの示唆を与えている。

　西倉（2006）や大渕（1989）の研究において直接的に言及されていないが，

臨床場面において「化粧がもつ従来の意味」や「社会規範」に実践者が引っ張られてしまう危険性があるのは，「従来」の化粧の社会学や心理学で構築された知見，あるいはメイクアップのサービス提供者自身の経験的な学びをもとに，実践が展開されていることも一因として考えられる。このような危険性を回避するためには，研究者自身の視点の脱構築が求められる。視点の固定化という問題は，一般女性の日常的な化粧観にも，また，化粧の学術的知見を供給する立場にある研究者の視点にもあるのではないだろうか。

(2) 現代的な化粧観

　現代の日本においては，結婚や出産，育児，職業など，生き方を女性が選択できる割合が増えてきた。それに伴い，かつては「女性らしさ」としてローカルで単一的な美の基準が存在していたものが多様化する傾向にある。そうした社会・文化的文脈のなかで個人が求めているのは，むしろ「自分らしさ」だろう。自分らしさを引き出すための一つの手段としての化粧の役割を受け入れ，生涯を通じて化粧とうまくかかわっていくことが，また，化粧品がそのような役割を果たすことがこれまで以上に強く求められるようになっていくと考えられる。

　資生堂ビューティーソリューション開発センター（2010）は，女性の生涯にわたって化粧が果たす役割について次のようにまとめている。「青年期では自分は何者か，自分らしさとは何かという自我（アイデンティティ）の模索と確立に，メーキャップでの自己表現の試行錯誤が役立ちます。成人期でも安定した自我のためにメーキャップは必要です。この時期は職業人や家庭人などの社会的役割を担うので，メーキャップはそれらを含め自分を表現する有効な手段です。さらに，老年期では化粧自体を楽しむことで，一人ひとりの固有の人生を美しく彩り，充実させることができます」。資生堂ビューティーソリューション開発センター（2010）による指摘は，第1に，第二次性徴期以降，大人の身体性を獲得するための手段の1つとして自分自身の選択のなかで，主体的に化粧行為が取り入れられていくこと，第2に，化粧の適用年齢が長期化する傾向にあることについて言及している。見た目が重視される現代社会において，青年期以降，老年期まで生涯を通して化粧との付き合いが続くことは，想像に難

くない。現代は,「なりたい自己」「私らしい自己」の基準が多様化している時代である。だからこそ,トップダウンの視点に基づいて特定の価値観を提供する研究よりも,個々人の視点や生涯発達の枠組みを取り込み,価値や意味をボトムアップに捉える研究の視点が,化粧心理学の視点として必要となるはずである。

(3) 化粧を発達の観点から行為としてとらえる意義

化粧は女性の日常生活に密着した研究テーマである。なおかつ,ジェンダー,メディア,医療・福祉,ファッション,そして心理など,学際性を要するテーマである。レビンソン(Levinson, 1978;南訳, 1992)は,『ライフサイクルの心理学』(*The Seasons of Man's Life*)において,成人の発達に学際性を求めるべきであると主張している。さらに,細江(2011)は,人間研究における多分野の研究の共同は当然のことであるが,心理学や社会心理学がその人間生活の全体像に接近しないで細分化したことの自省は求められるところであろうと主張している。化粧心理学を発達と文化に関する心理学の議論の俎上にのせ論じることは,先にあげた主張において求められている学際性と日常性の双方の観点を満たすことにつながると期待される。

なお,発達心理学の視点を取り入れた研究としては,年齢段階が上がるに伴って自己呈示手段としての化粧の意識が段階的に変化していくことが阿部(2001)により明らかにされている。だが,阿部(2001)の研究もまた,自己のうちに閉じられた意識の問題のみを客観的に扱っている点で,十分に生涯発達的な化粧行為の維持と変容を検討している研究とは言いがたい。

これに対して本書では,生涯発達心理学の視点から化粧行為の形成・維持・変容をとらえる試みを行う。その際に,研究の対象を特定の文化・社会的文脈と特定の時間を生きる当事者とし,主体的存在としての個人と化粧のかかわりをナラティヴにおける対話とみなして扱う。これが本書が「化粧を語る・化粧で語る」と題された由縁である。なお,ここでは当事者を「出来事に立ち会っている人」と定義し,当事者としての個人の経験を明らかにしていく。さらに,ナラティヴ研究の手法を採用し分析を重ねることにより,ボトムアップな視点から,当事者としての個人と化粧とのかかわりをとらえる。本書の試みは,化

粧心理学の課題への挑戦であると同時に，心理学研究が新たに取り組むべき課題への挑戦として位置づけられる。

第3節　化粧する心の理解に向けて

　先述した内容のまとめになるが，従来の対人関係を扱う化粧研究の焦点は，次の2点に重点が置かれていた。それらは，第1に，いかに対人関係場面において化粧がポジディブな効用をもつことを実証する点，第2に，化粧に対する他者からの評価を検討するという点である。

　そのため，対人関係を扱う化粧研究では社会における自己呈示手段（ディスプレイ）としての化粧の側面が強調され，研究が進められてきた。対人魅力を高めるための自己呈示手段としての側面や自己意識のなかでも公的自己意識についての対他的な側面が特に強調されてきたのである。具体的には，対人関係を捉えることを目的として，特定の性格特性（たとえば，Nash, Frieldman, Hussey, Leveque, & Pineau, 2006）や社会的スキル（たとえば，大坊，2004）などを明らかにするような研究である。こうした研究のなかで対人関係は社会・文化的文脈から切り取られ，対自－対他の関係性のみが重視され，強調されてきた。

1. 固定化された自己－他者間の関係性からの脱却──従来の対人関係の研究パラダイムにおける「他者」の想定

　対人関係を考える際に，従来の心理学の研究では対自と対他の二項関係に基づいて心理的効用が想定されることが多かった。その際に想定される他者は，「一般化された他者」として抽象化され概念化された存在である。同時に，自己－他者の関係性は，固定的な関係性として想定される。具体的には，大坊（1997）が図1-1のようなモデルを提示している。

　図1-1は，粧（装）いの対自的・対人的「効用」の循環を示すモデル（大坊，1997）である。このモデルには，1）個人の内的な意識の循環を扱うモデルである，2）粧（装）いが自己から他者へと一方的に向かうものとして示されている，3）文化が自己を粧いに向かわせる要因のように扱われているという3

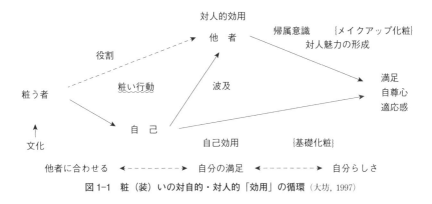

図1-1 粧(装)いの対自的・対人的「効用」の循環 (大坊, 1997)

つの特徴がある。大坊（1997）のモデルでは，個人が社会・文化的文脈から独立した存在として扱われている。そのため自己－他者間の関係性の相互作用として化粧を扱う視点が欠けているのではないかと考えられる。

　心理学の研究パラダイムにおいて固定化された自己－他者間の関係性が想定されるのは，主に実験室研究において統制された状況を基礎として場面設定条件が行われてきたことに由来する。しかし，現実の場面に立ち返って考えると自己－他者間の関係性は社会・文化的文脈やコミュニケーションのダイナミズムのなかで常に流動的に変容するものである。化粧や被服などのよそおいも，現実の場面を考慮に入れて捉える場合には場の文脈と対人関係のダイナミズムに基づき，調整され変容すると考えるのが自然だといえる。それは，社会・文化的文脈が変わることにより，自己の社会的な位置づけが相対的に変わり，それと同時に相手との関係性も変容するからである。

2. 当事者の視点をとらえ直すことでみえてくるもの

　先に述べた通り，従来の心理学の研究パラダイムに基づく研究では，当事者性の観点や他者性のあり方が議論されることはこれまでになかった。これに対して本書では，当事者としての個人が，特定の社会・文化的文脈に基づきつつ，どのように化粧行為とかかわり，それを意味づけているかをとらえる。これにより，個人の実感やライフ（生命，生活，人生）に沿った化粧する心の理解に近づくことを目指す。

化粧は他者から強制されるものではない。また，化粧が他者からどのように捉えられるかは，私たちが決められるものではない。そのため，日常生活のなかでの化粧の取り入れ方や方法は個人によって異なるし，個人が意図している化粧の意味を他者が必ずしも正確に受け取るとは限らない。化粧行為を日常生活を営む当事者の立場に立ち返って検討する視点に立つと，必ずしも対人魅力や自尊心の向上などが念頭に置かれているわけではない。日常における化粧を捉えるためには，日常生活の文脈において個人がいかにこのように個別性と状況性の高い現象である化粧行為とかかわっているかについて，個別具体的な事例をつぶさに読みといていく必要がある。当事者が揺らぎつつある文脈のなかで，自己－他者間の関係性を調整するための媒介として化粧を捉えることにより，動的で主体的な個人の化粧行為とその心理の理解をしていきたい。

注
1) 薬事法は，昭和35年8月10日法律第145号として制定され，現段階での最終改正は，平成26年11月27日である。

第2章

語りと文脈
――ナラティヴの視点

第1章では，化粧心理学のこれまでの理論的知見をまとめ，「化粧で語る」主体である個人が経験をどのように組織化し意味づけているか，その意味づけが自己と宛先の関係性にどのようにかかわっているかを，社会・文化的文脈を含めて包括的に考える必要性があることを指摘した。

第2章では，「化粧を語る」側面について本書の理論的，方法論的観点を説明する。第1節では，ナラティヴ研究について概観し，ナラティヴとは何か，ナラティヴ研究がもたらす視座について紹介する。第2節では，対話のダイナミクスと社会・文化的アプローチについて説明する。最後に，本書で扱う理論的・方法論的枠組みをまとめる。

第1節　語りの研究

心理学領域におけるナラティヴ研究は，数量化と統計を主な手法とする量的研究の代替として形づくられ，現在ではナラティヴ心理学として広く心理学のなかで用いられている研究手法の1つである。量的研究では，数量化と統計的手法によるカテゴリー化によって人間を科学的に捉えようとするために，生きた人間のリアリティやアイデンティティは失われる傾向にあった。これに対して，言語還元主義的な観点から，ナラティヴ心理学が人間理解に役に立つ可能性が1990年代のナラティヴ・ターン以降主張されるようになり，現在では心理学における研究手法の1つとして認められることとなった。

ナラティヴ心理学においては，自己やアイデンティティは，言葉や意味づけの文化的な様式として理解されている。それと同時に，個人の経験を，内的で一貫した，個人的な感覚を維持しながら研究が展開される (Hermn, Jahn, & Ryan, 2005)。やまだ（2007a）は，従来の心理学研究との対比のなかで，ナラティヴ研究について次のように述べている。「心理学は『個人』や『私（自己）』や『心の内面』にこだわってきたが，その考え方に疑問を投げかけ，それらがいかに深く，社会・文化・歴史的文脈と結びついているかという見方を根底においた学問が，質的研究であり，ナラティヴ研究である」(p.13)。

ナラティヴ研究においては，現象を物語としてとらえ，解釈して意味づける。また，関係性の網の目のなかにある相互作用として，現象の対話のプロセスを

重視し，同時に相互作用プロセスによって生じる変容を記述することも目指される。クロスリー（Crossley, 2000；角山・田中訳, 2009）がナラティヴ研究を，「自分というものの枠組みを形成する言語やストーリー，ナラティヴの研究ともいえるし，われわれが個人的に，また，社会的慣例のなかで，自分語りのナラティヴにどのような意味を込めているか，そして，そのナラティヴがどのように置き換えられる（permutation）かを研究する試みだともいえる。ある特定の言語行動（linguistic structure）や時代背景（historical structure），社会構造に裏打ちされた自己体験だけが，その人にとって意味をもった自己体験となる」(p.42) というように，語りそのものを扱うこと，ナラティヴの意味をとらえることという2つのアプローチ方法をナラティヴ研究は内包している。

　大きく分けて2つのアプローチ方法があるナラティヴ研究だが，よりメタ的に考えた場合に，ナラティヴ研究の立場に依拠し，個人を捉えることは，他者や場所，文化との弁証法的な関係性のダイナミズムのなかで個人を捉えることにつながる。その意味において，ナラティヴはより主体的で動的な存在としての個人を分析することを可能にする手法といえる。本書において筆者が目指す語りの理解はまさにここにある。以下では，本書における化粧という現象の理解の枠組みとして用いるナラティヴとは何か，ナラティヴによって可能になるものの見方についてより詳しく述べていく。

1. ナラティヴの定義と関連する諸概念
(1) ナラティヴとは
　ナラティヴは，「語り」，「物語」を意味する概念である。現在，ナラティヴ研究のなかでは，ナラティヴとストーリーという語が混在して使われることがある。これらは領域によってそれぞれに異なる概念の定義のもとで使われており，全ての使用法をカバーできる定義は今のところないといわれている（Riessman, 2008；大久保・宮坂訳, 2014）。また，大きく捉えると，ナラティヴという概念も，現象をナラティヴとしてみるという，いわゆる「ものの見方」としての意味と，そのようなものの見方を得たうえで，現象を理解につなげる「アプローチ方法」としての意味の両者が混在して使われている。

そのため，本書における脚点をここで示しておく必要があるだろう。本書では，研究の対象および対象となる現象を解釈していくために，やまだ（2007b）の「ナラティヴとは，『広義の言語によって語る行為と語られたもの』をさす。広義の言語には，身体や表情による非言語的語り，イメージや絵画や音楽や映画など視聴覚的語り，都市や風景など文化表象や社会的表象なども含まれる」という広義の定義を採用する。通常ナラティヴ研究の対象は狭義の言語を用いた語りに限られるものであったが，やまだ（2007b）の定義を用いることで，より広い意味でナラティヴを捉える可能性が拡がる。また，広義のナラティヴ概念を用いることにより，私たちの生活が語りに満ち溢れていることに気づく。本書に限定すれば，ナラティヴとして生成される「語る行為と語られたもの」として，化粧行為によって生じる関係性のテキストを分析する。それによって化粧を対話として扱うことが可能になる。

(2) ナラティヴ・ターン

　ナラティヴ研究の魅力は，ある現象や個人について多様な視点や背景としてのコンテクストを保ちながら経験を組織化できる点にある。ナラティヴのもつ力を，認識論の変革としてのナラティヴ・ターン（narrative turn）と関係づけ，ブルーナー（Bruner, 1990；岡本他訳, 1999）は，いわゆる西洋的概念である利己心の普遍性を強く否認してきた人たちにナラティヴが新しい力を与えたと述べている。利己心の普遍性とは従来の西洋的なものの見方である。その見方によれば，1つに限定され，ユニークで，多かれ少なかれ統合された動機的で認知的な世界，つまり，感知，情動，判断，行為の力動的中心である人は，独自の統一体として組織化されており，そして同じような統一体としての他者や社会的事前的背景に対置される（Bruner, 1990；岡本他訳, 1999）。

　一方で，ナラティヴとしてとらえる場合，つまり，ストーリーが語られ始める時には，そのストーリーの普遍性を常に明白に主張できるとは限らない。ストーリーは多数であり，ある法則性や規則性をもちながらも多様である。そのため，同時に，自己と他者，語り手と聞き手の間で交わされる相互作用を捉えることが可能になる。それは，発話がモノローグの言葉としてではなく対話として成立するからである。たとえ個人が独話としてモノローグを発する場合で

も，語りとは必ず誰かに向かい，宛先をもつ(Bakhtin, 1979；新谷他訳, 1988)。対話として言葉を捉える仕方は，発話の理解に直接にかかわってくる。他者の発話の理解は，特定の発話を特定の文脈におけるしかるべき場のなかに位置づけ，その発話の一語一語に，「自分の応答する一連の語を積み重ねるかのようにする」ことであり，それによって，発話の個々の意味と全体としての発話とを「別の能動的で応答的な文脈に移す」ことで成り立つ。これが発話の深い理解であり，「あらゆる理解は対話的」なダイナミックな性質をもつ。このように考えると，意味は「語のなかにも，話し手の心のなかにも，聞き手の心のなかにもない」のであって，実際には「話し手と話し手の間に存在する語」の間にある。

　このような相互作用の間にあり，自己と他者の間で生成されるのがナラティヴである。ブルーナーはナラティヴを次のように説明している。「良かれ悪しかれ，ナラティヴは，人間の，自分自身と他者のもつ熱望とその変化を表現するために選ばれる手段，たぶん必須でさえある手段である。この普通の状態に見かけ上の破壊をもたらすには，ナラティヴの豊かなダイナミクスが必要となる。それにどう対処し，どう受容し，事態をはなれた軌道にどう戻すのかといったダイナミクスである」(Bruner, 2002；岡本他訳, 2007, p.119)。つまり，ナラティヴとは，シンボリックな社会・文化的文脈のなかでの自己と他者，語る者と語られる者との間の相互行為として実践される行為といえる。

　さらにいえば，ナラティヴは，シンボリックな相互作用行為として状況的文脈のなかに埋め込まれているだけではなく，より大きな文脈のなかに埋め込まれるものである。もしくはより大きな枠組みに位置づけながら物事を解釈することを可能にする。ナラティヴのこのような性質については，次節の社会・文化的アプローチにて説明する。

　ナラティヴによる自然科学の事象の法則化からことばによる現実の物語化へのパラダイム転換は，思想史や心理学におけるものの見方に影響をもたらした。これは，ナラティヴ・ターン以降に語りやフォークサイコロジーが再び見直されている動向があることに連動すると言われている。

(3) マスター・ナラティヴ

　ワーチ（Wertsh, 1991；田島他訳, 2004）は私たちが，特定の状況で特定の言葉の使用形態を他より「適切である」あるいは「有効である」とみなし，原則的には他の使用形態を考え得る場合にも，それらを考慮することなく，特定の言葉の使用形態を適切または唯一可能な形態であるかのように扱うことを「特権化」（privileging）という用語を用いて概念化した（當眞, 1997）。當眞（1997）では，小学校で観察された談話例から「自然」あるいは「当然」の談話形態の特権化が論じられている。

　特権化された声はマスター・ナラティヴ（master-narrative）となり，特定の社会・文化的文脈を生きる人々に共有される。マスター・ナラティヴは，潜在的な社会・文化的解釈について言及する広く共有された語りである。それらは，社会制度だけでなく個人に関しても局所的な解釈と主体性のあり方の枠組みと制限を与える（Hermn, Jahn, & Ryan, 2005）。マスター・ナラティヴは，言説としての存在に留まるのではなく，意識にまで浸透する。

　化粧に置き換えて考えると，「女性としてのマナーとして化粧をする」や「男が化粧をするのはおかしい」という言葉は，私たちの意識にも反映されている。つまり，女性が化粧をすることは，社会・文化的に「当然」，「自然」あるいは「正当」とみなされている。マスター・ナラティヴは，人々の実践に影響を与えるだけでなく，研究の動向にも影響を与える強い力をもっている。このことは，現代の日本では，青年期以降の女性が化粧をすることが一般的であるというマスター・ナラティヴによって，主として青年期以降の女性を対象に，ポジティブな効果・効用に関する知見が積み重ねられてきたという学問的な流れにも反映されている（化粧に関する学問的文脈の動向については第1章を参照）。

(4) ナラティヴ・ハビトゥス

　マスター・ナラティヴが「当然」，「自然」なこととみなされているように，私たちが生きるコンテクストのなかで習慣的な行為の意味づけが問い直されることは少ない。化粧行為やよそおいもまた，日常化された習慣的な行為であるが故に，その意味づけが問い直されることは自ずと少なくなりがちである。マクアダムスとオルソン（McAdams & Olson, 2010）は，人生を形づくる語り

の集合体について，ブルデュー（Bourdieu, P.）の傾向性や習慣性としてのハビトゥス（habitus）の概念を援用し，ナラティヴ・ハビトゥス（narrative habitus）という新たな概念を提唱している。

　ハビトゥスとは，生活の諸条件を共有する人びとの間で，特有な知覚と価値評価の傾向性がシステムとして形成されたものである。ハビトゥスは，その集団のなかで持続的，かつ臨機応変に人びとの実践と表象を生み出していく原理である。したがってそれは人びとの実践を特有な型として組織化していく構造である。しかし，このハビトゥスの構造は人びとの実践に制約と限界を与える構造でもある（田辺, 2003）。

　ブルデューの理論においてハビトゥスはすでに形成されたものとして前提され，実際に人びとが行った「実践の効果あるいは結果」からのみ確認できる「ブラックボックス」のような存在となっていた（田辺, 2003）。このため人がいかにハビトゥスに基づく実践を自分のものにしていくかという「学習」の問題や，人びとの実践のなかで新たなハビトゥスがどのように形成されるのかという「発生」の問題は放置されることになった（高木, 2008）。

　これに対して，ナラティヴ・ハビトゥスでは，人が慣れ親しんだ課題を習慣性として語ることを前提とし，特定の個人のハビトゥスから，彼もしくは彼女の傾向性としての認識に迫ろうと試みる。その場合に，ナラティヴの傾向性は何を人々が感じ，求め，考え，選ぶかを決めるもしくは行動を生成するためのものではなく，むしろ人々が何をすべきかを感じとるように導くとされる（McAdams & Olson, 2010, p.49）。

　ナラティヴ・ハビトゥスは比較的新しい概念ではあるものの，日常とナラティヴを結び付けるうえでは重要な役割を担う概念だと考えられる。

2. ナラティヴ研究がもたらす視座

　フランク（Frank, 2010）は，ナラティヴについて，人々が語りを構築し理解するためのリソースとして用いるテンプレートであると述べている。どんなやりとりにも既成の意味合いが持ち込まれ，そのやりとりがどのように行われるか十分に予測がつく。ナラティヴ研究は，言葉のもつ力や，自己がいかに形成され再形成されるかに関する概念を生かしていこうとする研究方法である。

ナラティヴの過程は常に進行中であり、完成することはない(Monk, Winslade, Crocket, & Epston, 1997；国重他訳, 2008)。

　物語のどの側面を強調するか、もしくは、誰を重要人物として取りあげるかなど、いくつもの構成要素があるなかで選択され表出されるものこそが、私たちの前に立ち現れてくるナラティヴとなる。ナラティヴは、そのダイナミズムにより人びとを交渉の過程へと導く。ナラティヴの研究は人間という存在を、動的で主体的な存在（エージェント）として開示する。エージェントとしての存在の開示についていえば、交渉とは諸々の差異を時空のなかに分節化する能力のことであり、言葉やイメージをあらたな象徴体系のなかに組み込むことであり、記号の群れのなかへと介入してゆくことであり、共約不能なようにみえる価値や相容れないようにみえる現実を仲介することである。陶酔が記述不能なほどに圧倒された経験として突如姿をあらわすものであるとしたならば、交渉とは「ナラティヴの必要性」を一貫して主張するものである。「語りという行為のもとでこそ、人間は互いにとってまさに「人間」としてのかたちをとるのであり、この能力なしには人間は人間たりえることができない」(Bhabha, 2009；磯前・Gallimore 訳, 2009) のである。

　動的なプロセスのなかでナラティヴを捉える際には、ナラティヴの背景となる社会・文化的文脈を考慮する必要がある。クロスリー(Crossley, 2000；角山他訳, 2009) は、「ナラティヴ心理学の目的は、言語やストーリー、ナラティヴによって、自己というものがどのように構成されていくかを究明し、個人や社会がそういったナラティヴにどのような組み換えの手を加えながら、意味づけ作業を行っているかを解き明かすことにある」(p.73) としている。

　クロスリーの指摘から、ナラティヴをとらえる際には、対話のみに着目するのでは充分ではないことが分かる。対話が行われる背景としての社会・文化的文脈をとらえ、そこに対話を位置づけてこそ、人の生のアクチュアリティを考えることができるようになるのである。

　次節では、社会・文化的文脈を捉える方法としての社会・文化的アプローチについて言及する。

第2節　社会・文化的アプローチ

　語りから個人の経験を組織化するためのナラティヴの方法については，物語の制約という観点から異なる2つの立場がある。やまだ（2000a）によれば，一方は，個人の位置を無条件に設定して能動的側面を重視するナラティヴ論の立場であり，もう一方は，個人は限られた社会・文化的文脈のなかで生きているのでどのような物語でも自在につくられるわけではないとするナラティブ論の立場である。田垣（2007）は後者の立場においては，個人よりも，個人の力を制約し，あるストーリーを語らしめている政治性や権力性，広い意味での制度に焦点を置くこともあるとしている。

　本書では，当事者としての個人の日常生活のなかでの化粧行為のありようや意味づけをとらえることを目的とする。そのため，個人の経験をまとめるうえで，やまだ（2000a）の述べる後者の立場を採用し，特定の社会・文化的文脈と個人のかかわりを研究する枠組みとして社会・文化的アプローチの考えを用いる。

1. 社会・文化的アプローチとは
(1) 社会・文化的アプローチ

　社会・文化的アプローチでは，当事者としての個人の能動的で固有のはたらきを明らかにすることが目的となる。この目的を達成するうえで前提とするのは，そうした精神のはたらきは人びとの社会的な結びつきに発生的起源をもつというアイディアである（伊藤，2011）。社会・文化的アプローチを用いて研究者が見いだそうとするのは特定の社会・文化に基づく行為の意味や社会・文化的文脈とのダイナミクスにより生じる一連のプロセスである。

　社会・文化的アプローチを研究に導入する際には，ヴィゴツキーとバフチンの理論的立場の違いに留意する必要がある。通常，社会・文化的アプローチの説明では単に，バフチンがヴィゴツキーの媒介概念をより大きなスケールの構造，たとえば，政治や教育システムへ拡張したものとみなされる。しかし，マスソフ（Matusov, 2011）によるとヴィゴツキーとバフチンの理論は以下の点

において相容れない。

　ヴィゴツキーの立場からみた場合，バフチンの対話的アプローチは発達的ではない。バフチンは大人のコミュニケーションの分析を論拠としているため，バフチンの扱うコミュニケーションの段階では，人の発生的発達はすでに完了している状態にある。一方，バフチンの見地からみた場合に，子どものコミュニケーションの分析を論拠とするヴィゴツキーの道具的アプローチはモノローグ的であり，矛盾のなかでの共生や多くの論理的葛藤が捨象されているために人間的ではないとされる。

　細かくとらえた場合には，理論的矛盾があることは承知しているが，不断のストーリーとしての対話を研究するにあたって，本書では，やや折衷的と評価される可能性もあることを理解しつつも，個人がどのように化粧を媒介として使いこなすようになるかという点を明らかにするために，ヴィゴツキーの発生的な観点を取り入れる。そして，社会・文化的文脈のなかで個人がどのような化粧とのかかわり方をするかという点を明らかにするために，バフチンの対話的な観点を取り入れる。

　語りと日常生活と社会・文化的文脈のかかわりについての研究は，古くは心理学の父と呼ばれるヴントによってフォークサイコロジーとして実施されていた。ヴントは，実験的な内観が適用できない分野に対しては，観察と記述の理解を軸とする方法を用いていた（Flick, 1995；小田他訳, 2002）。ブルーナー（Bruner, 1990；岡本他訳, 1999）も同様に，フォークサイコロジーの必要性を意識しており，フォークサイコロジーを，何が人間をそのようにふるまわせているかということを文化から説明する学問として定義づけている。このようにナラティヴ心理学の理論家たちが考えてきたように記述，叙述的な方法（discursive method）は個人の発達と文化の関係をひもとくために欠かせない方法である。こうした事実は，1990年代の思想史におけるナラティヴ・ターンとして，語りやフォークサイコロジーが再び見直されたことに連動している。

　語りを用いて個人にとっての発達の時間的認識と空間的認識のあり方を捉えることで，個人の経験である「意味の行為」（Bruner, 1986；田中訳, 1998）を1つのまとまりをもった世界として描き出すことができる。ブルーナーは，著書，『ストーリーの心理学』のなかで以下のように述べている。「自分の自己

性を達成するためには脳の機能にいかに多く頼っていても，われわれは実質的には最初から自分たちをはぐくむ文化の表現としてあるのである。そして文化自体が1つの弁証法であり，それは今ある自己とありうる自己についての選択可能なナラティヴ群に満ちている。われわれ自身を創造するためにわれわれが語るストーリーは，その弁証法を反映している」(Bruner, 2002；岡本他訳, 2007, p.114)。

また，『意味の復権』においてブルーナーは次のように述べている。「一言で言うならば，われわれは心の「理論」とまでは言わないまでも，ある特別なしかたで社会を解釈し，その解釈にしたがって行為するような一連の傾性をもって生まれてくるのである。これは結局，われわれがフォークサイコロジーの原初的な形をすでに備えてこの世に出てくるということになる」(Bruner, 1990；岡本他訳, 1999, p.103)。

(2) ヴィゴツキーの社会-発生的法則

先に述べたように，社会・文化的アプローチは，ヴィゴツキーの社会-発生的法則の考え方に基づく。社会-発生的法則は，ヴィゴツキーが高次の精神機能の発達を想定して理論立て，その後，ブルーナーをはじめとする後続の研究者らが心理学におけるアプローチの1つとして体系化した。

ヴィゴツキー (Vygotsky, 1929) は，全ての高次精神機能の基礎となっている機能のメカニズムは社会の写し (a copy of the social) であるという。それらは社会秩序のなかの諸関係が内化され，個人のパーソナリティに引き写された結果である。精神の構成と発生と機能は，社会的な性質を含む。社会-発生的法則のなかでは，最初に社会があり，そこから個人が派生していくと考える。つまり，「人間の精神の本質は社会の諸関係の総体なのである」(有元・岡部, 2008)。このように，ヴィゴツキーの研究の中核は，経験を通して生きるプロセスにおける高次精神機能の新たな構造の存在の証明であった。

ヴィゴツキーは研究の中核に言語などを中心とする記号的媒介を据え，高次精神機能は意志的なプロセスの根底として使用される記号によって差異化されるとした (Valsiner, 2000)。ヴィゴツキーは，主体-対象の直接的な関係性の間に，対象を対象たらしめるための人工物があると考え，主体-対象の関係性

の間に，「媒介」として記号概念を組み込んだ。それが，道具および言語あるいは記号の概念である。ヴィゴツキーは，その理論を発展させた際に，言語発達を扱い，言語を媒介としていたが，媒介は他の人工物にも適応することが可能である。道具・言語・記号を利用することによって——つまり，媒介を利用することによって——利用しない場合よりもはるかに効率よくその行動を行うことができる（高取，2009）。

　ヴィゴツキーのこの理論は，現在では記号の心理学とも呼ばれる。人と記号的媒介と社会の三項関係は，現在ではヴィゴツキー・トライアングルと呼ばれ，道具を媒介するコミュニケーションや活動理論などに応用されている。ヴィゴツキー・トライアングルは，対象がどう認識されるかが，利用可能な媒介としての人工物によって決定されることを強調する（有元・岡部，2008）。個人が属する社会において，記号的媒介や道具などのような文化が個人と社会のダイナミズムを可能にし，そのダイナミズムが個人に取り入れられる。それにより記号的媒介や道具に新たな意味や価値，感情が発生し，個人に内化ないし統合される。その一連の法則を説いたのが，社会‐発生的法則であるといえる。ヴァルシナー（Valsiner, 2007）は，「不明確な文化概念を記号的媒介概念という，より周辺的な概念に翻訳することによって納得のいく解決法を得た後に，私は文化心理学のアイデンティティをもてるようになったと気が付いた」と述べている。この意味で，社会・文化的アプローチもまた文化を読み解くための記号的媒介として機能しているといえるだろう。

　人は，文化を身にまといながら生活する存在である。現代の文明化された場所に住む人間が衣服を身につけずに日常生活を営むことがないように，あるいは，裸足で歩くことがないように，現代の社会に生きる私たちが生身で環境と接することはほとんどない。私たちは，衣にまつわる基本的な営みの1つとして，衣服や靴，そして化粧品といった媒介を利用しながら環境と接している。記号の発生を読み解くこと，そして発生した記号の媒介およびその法則を検討することは，それ自体が背景となる社会・文化的文脈を読み解く営みにつながると筆者は考える。

(3) 社会・文化的文脈を読み解くことの意義

　社会－発生的法則と関連して，ブルーナーは，通常，社会・文化的文脈においてその前提が疑われることの少ない意味の行為の重要性を，文化心理学の観点に位置づけて次のように強調している。「文化心理学は文化的文脈の中に意味を創造するにあたって，人間が引き受けるルールを探し求めている。これらの文脈は，必ず実行機能の文脈である。つまり，人がその文脈の中で何をしているのか，また何をしようとしているのかを問うことが，常に必要なのである。意味は使用から生じるということは，とらえがたい問題ではないが，それがしばしばスローガン化されているにもかかわらず，その言わんとしているところは，疑われないままであることが多い」(Bruner, 1990；岡本他訳，1999, p.166)。

　ブルーナーはさらに，意味の重要性とともに，実行行為の重要性にも関心を寄せている。それは，いかにして意味づけられた行為が実行されるかという問題につながる。「文化心理学は，密接に関連し合う二つの要件を自己の研究に対して課しているように私には見える。そのうちの一つは，自己の研究は，意味に焦点を当てるべきであるということである。意味の点からみると，自己は個人とその人が参加している文化の双方によって定義されている。しかし，もしわれわれが，「自己」というものはどのように扱われているのかを理解しようとするならば，これだけでは十分ではない。というのは，自己は，単に感想的反省の結果として生み出されただけのものではないからである。そこで，第二の要件は，「自己の意味」がその中で達成され，使用される実行行為に関心を向けることである。結局，これらはわれわれに自己についてのより「分散的」見解をもたらすこととなるのである」(Bruner, 1990；岡本他訳，1999, p.163)。

　ブルーナーの見解をもとにすると，社会・文化的文脈を読み解くことの意義とは，人の行為の意味を理解するとともに，どのように行為が行われるか，また，どのようにその行為が自己にとって意味づけられているかを導き出すことにあると考えられる。

2. 対話と宛先，意味の行為

　以下では，社会・文化的アプローチの重要概念である対話と宛先，そして，意味の行為について説明する。

(1) 対　　話

　本書では，ブルーナーの観点に基づき，化粧行為を社会・文化的文脈との関係と結びつけて検討する。社会的母体における活動の理解は，私たちの思考，行動，言動を形成し制約する。それは，私たちの活動がコミュニティの成員としての私たちの役割に位置づけられているためである（Clancey, 1995）。

　社会・文化的アプローチでは個人と社会・文化的文脈に対話的な関係性を想定する。本書において，対話（dialogue）とは，バフチンの中核的概念であり，文脈に沿って繰り広げられるダイナミックな相互作用のことをいう。バフチンの理論において使用される相互作用としての対話は，「つねに二つの意識，二つの主体のはざまで生じる」（Bakhtin, 1986；新谷他訳, 1988, p.199）ものである。2つの主体の対話とは，生の意味をあらわす輪郭（自己テキスト）をもつ者同士の間の対話であり，輪郭（自己テキスト）を互いに交換することである（五十嵐, 2008）。

　関係化され，脱特権化され，競合する定義に気づくときに単語，談話，言語，文化は「対話化」される（Bakhtin, 1981）。バフチンに従えば，化粧行為も同様だということが分かる。たとえば，「TPOに合わせた化粧をする」という言葉は，多くの人にとって聞き慣れた言葉だと思われる。このような言葉は，時と場所，場合に応じた方法・態度・服装等の使い分けを私たちがすでに実践していることを示している。つまり，対話として化粧行為をとらえることが化粧行為が繰り広げられる場のコミュニケーションの過程の相互作用をとらえることにつながるのである。対話は実際に起こり得る交換を排斥するのではなく，直接的な関係性の交換としてモデル化される。究極的には，対話とは，同時に起こり得る差異間のコミュニケーションを意味する（Clark & Holquist, 1984）。

　言説分析に基づく社会心理学（Shotter & Billing, 1998）では，対話性は記憶や帰属などの社会心理を拡張する鍵概念である。また，ナラティヴに基づく臨床心理的研究（Hermans & Kempen, 2006）でも対話による自己概念の改鋳が試みられている。こうした研究のなかで，対話が重視される理由は，対話を理解するためには現象を文脈から切り離すことなく，文脈を含めて複雑性をもつ全体として分析することが求められるからだと考えられる。対話は，社会性と媒介性と多数性の3つの次元に要約される（朴・茂呂, 2007）。社会性は，

心理あるいは人格等の主観的現象が，そもそも社会的出来事であり，心理は他者との相互行為のなかで位置づけられ発達する。対話は，言語能力に限らず意識や人格を含めた，人を形成する機能を有する。この形成的機能を朴・茂呂（2007）では媒介性という。上述したように，媒介された行為に着目することが，心理過程を社会過程と連接する対話的に拡張された過程としてとらえることを可能にする。多数性は，異種混交とも言い換え可能な次元である。多数性は，多種多様な視野・伝統・関心を内包するコミュニティにおける対照的な価値視点を内在する。多数性の概念は，対話を拡張した状況としてより包括的にとらえるよう導くものである。

(2) 声と宛先

　対話的な関係性を理解するためには，対話のなかで，「声」がどう発せられ，どこに向けられているかをとらえること，すなわち宛先をとらえることが極めて重要である。バフチンは小説のような1人の作者によって生み出された言語作品にも，2つ以上の異なる価値観や視点が混在することを指摘し，これを「声」（voice）と呼んだ（Holquist & Emerson, 1981）。対話的な関係のなかで，声が発せられるとき，それは発話として理解されることになる。発話の本質的な特徴は，それが誰かに向けられていること，それが宛先をもつことである（Bakhtin, 1986；新谷他訳, 1988）。宛先を抜きにして発話は存在し得ない。「誰にその発話が宛てられているのか，話者（あるいは書き手）はその受け手のことをどう感じどう考えているのか，どのような影響力を受け手はその発話にたいしてもつのか—それによって発話の構成も，また殊にスタイルもちがってくる」（Bakhtin, 1986；新谷他訳, 1988, p.180）。

　たとえモノローグであったとしてもその発話には宛先がある。発話の理解のためには，モノローグではなくディアローグ（対話）として発話を把握しなければならない（神谷, 2010）。人が何らかのナラティヴとして言葉を発する場合には，伝えるべきメッセージに意味が込められる。そして，ナラティヴを受けとる側もまた，発せられたメッセージに対して，新たな意味を込めたメッセージを含んだ応答をする。

(3) 意味の行為

　ブルーナーの主張が成立するのは，語りが言葉という文化的道具に媒介された体験を意味づける行為であるためである（文野，2011）。語りは経験を組織化する役割をもつ。そして，経験の組織化は意味をもたらす。語りによる経験の組織化を通して，現象はまとまりをもった意味の行為（acts of meaning；Bruner, 1990；岡本他訳, 1999）として立ち現れてくることになる。

　意味の行為として現象が立ち現れてくることについて，やまだ（2000）は次のように述べている。「私たちは外在化された行動（behavior）や事件の総和として存在しているのではなく，一瞬ごとに変化する日々の行動を構成し，秩序付け，「経験」として組織化し，それを意味づけながら生きています。経験の組織化（organization of experience），そしてそれを意味づける「意味の行為」が「物語」と呼ばれるものになります」（やまだ，2000a, p.5）。同様に Crossley（2000；角山他訳, 2009）は，次のように述べている。「ナラティヴは，われわれが行動の文化的拠りどころとする記号化（symbolization）の作業に拍車をかける機能，その細部を一層鮮明に浮き上がらせるための機能をもつ」（p.95）。すなわち，ナラティヴとして現象を解釈することとは，当事者としての個人の経験を組織化し意味づけていくことだといえる。

　このようにとらえると，意味の行為とは「語る行為と語られたもの」としてのナラティヴを，自己や事象を有機的な連関のなかで意味づける役割を担う概念だといえる。

第3節　場所(トポス)と移行

　ナラティヴ論や社会・文化的アプローチのなかでは，語り手と聞き手の相互作用プロセスによる変化を重視する。特に，社会・文化的文脈に着目し，研究を進める場合には，特定の場所と結びつけて，自己と宛先の関係性をとらえることが重要である。その土台となる考えとして本書ではブロンフェンブレンナー（Bronfenbrenner, U.）のトポス論を採用する。

1. 場所(トポス)の捉え方

　発達心理学における場所(トポス)論として，ブロンフェンブレンナー（1970；磯貝他訳, 1996）の生態学的モデルがある。ブロンフェンブレンナー（1970；磯貝他訳, 1996）は，人を取り巻くエコロジカルなシステムとして場所を定義している。また，場所についての基本的な前提として，行動を方向づけるうえで，現実的な環境よりも現象学的な環境が優るということ。環境がその場にいる人々にとってどのような意味をもっているのかを考慮せず，環境の出来事がもっている動機的特徴を考えずに，環境の客観的側面からだけで行動を理解することは不可能なことがあるとブロンフェンブレンナー（1970；磯貝他訳, 1996）は述べている。そして，個人にとって，「人間の行動や発達に重要な作用をしている外的影響は，客観的な物理的条件や事象といった言葉だけで記述できるものではない。心理的成長の道筋をたどろうとする際に，最も強力な作用を及ぼす環境の諸側面は，まさにある場面における人にとって意味のあるものに他ならない」と言及している。すなわち，環境における人の位置が，役割や行動場面あるいは両者の変化によって変わるときには必ずそこに相互作用が生じる。環境との相互作用を考えるうえで，ブロンフェンブレンナーは生態学的環境枠組みを強調した。

　その後，箕浦（1994）は，ホリスティックに発達主体と主体が生きている環境の重層的関係をとらえることを試みるために，ブロンフェンブレンナーの考えに加える形で社会の概念を導入している。社会の概念を導入することにより，生態学的環境枠組みは，「個人－社会・生態学的環境枠組み」となり，人の成長過程における他者・環境との相互依存性を強調することが可能になった。

　ナラティヴは，状況的文脈，文化・社会・歴史的文脈など，入れ子の形の多重の文脈をもつ場所(トポス)のなかで共同生成される（やまだ, 2000）。トポスとは，空っぽの空間であるスペースという概念とは異なり，時間概念も含む概念である。「今，ここ」という時間・空間概念を統合した概念がギリシア語のトポス（場所）である。トポスは，トピカル（局所・時局的）で，ローカルな（一定の位置を占める），意味ある場所(トポス)でもある（やまだ・山田, 2006）。この概念は時間と空間を峻別するよりも，日常的に私たちが経験する心理現象とよく合致する。

社会・文化的文脈における関係性や意味づけは，個人と個人の対話や，自己と他者の関係性としてだけではなく，場所(トポス)のなかで相互に交わす対話という考え方によってとらえる必要がある。したがって，化粧行為も，それがどのような場所(トポス)のなかで行われているか，誰に対して向けられているかに注目して研究することにより，宛先と文脈についてより具体的な検討ができるようになる。

2. 時間と移行

　ダニエルズ（Daniels, 2008）によれば，ヴィゴツキー学派を中心とする心理学における研究のトピックは，認知発達から行為にその関心が移っている。それに従い，社会・文化的な状況や文脈を無視した分析ではなく，社会的慣習や社会化過程をつぶさに分析する視点が求められるようになってきた。

　ブレドー（Bredo, 1994）は，ある状況下での認識を分析する焦点が，「環境のなかにある個人」から「環境と個人」にシフトしていることを指摘している。レイヴ（Lave, 1988）も同様に，ある状況にある個人の日常の活動は，人間としての活動原理における発生と偶有性の，所与の状況の特殊性から抜け出したときに直接的に立ち現れるとした。これらを総合してとらえると，個人と環境や状況を切り離して捉えることは難しいし，また，状況と状況の間の関係性について考察する場合には，必然的にその移行をとらえる視点が必要である。

　ある「行為」は，時間や連続性（sequence）の次元に沿って解釈できることで意味をもつこととなる。つまり，ある特定に場面で「何」が起きているのかを定義し，解釈するために，出来事を流れや連続性で捉えることが重要になる。そのためには，時の流れのなかで，どのように変容するか，その変容のプロセス自体を生のリアリティのなかで問うことが重要である（大森, 1992）。ナラティヴ論において，当事者の視点に基づき社会・文化的文脈における関係性をとらえる場合にも，ある場面と別の場面の切片と切片の連続性・順序性ならびに，その切片の時空において起こっている出来事の様相を時間的な連続性をもとに検討することが課題となるだろう。これが，本書の中で発達心理学の視点を取り入れる最大の理由といえる。

　本書においては，当事者にとっての日常における場所の問題と発達的な移行過程の問題を扱うための分析枠組みとして，質的研究の異なる手法を用いる。

前者の分析に関しては，場所を多重に構成された時空として扱うやまだ・山田（2006）の多重場所モデルを用いる。そして，後者の分析に関しては，発達的変容と移行を扱うヴァルシナーとサトウ（Valsiner & Sato, 2006）の複線径路・等至性モデルを用いる。

第 3 章

本書の視座，構成と目的

本書では，化粧をする個人の当事者性を重視する観点から化粧行為の経験をとらえる。化粧行為は他者から強制されるものではない。さらにいえば，他のよそおいとの組み合わせにより，全身のトータルなコーディネートとして整えるような作業も必要となる。そのため，私たちの化粧の取り入れ方や方法は，たとえ類似していたとしても個人によって異なるし，私たち自身が意図している化粧の意味を他者が必ずしも正確に受け取るとは限らない。また，化粧行為を，日常生活を営む当事者の立場に立ち返って検討する視点に立つと，必ずしも対人魅力や自尊心の向上などがその目的として行為者の念頭に置かれているわけではない。

日常のなかにある化粧行為をとらえるためには，普段の生活の文脈において私たちがいかに化粧とかかわっているかを，個別具体的な事例から考える必要がある。そのため，本書では当事者が「私」として，自らの経験をどのように組織化し意味づけるか，その意味づけが自己－宛先の関係性とどのようにかかわるかについて論じる。そして，化粧行為の形成・維持・変容の過程を検討するためのアプローチ法を用いる。

第3章では，初めに本書の視座について論じ，次いで構成と目的を述べる。

第1節　本書の視座

1. 意味の行為としての化粧

従来の化粧研究では，主に客観的，科学的な視点を想定して実施されてきた。その際の観点としては，物事を文脈から切り取り，独立した変数として，ある対象と他の対象を比較検討するような方法が採用されてきた。一方で，個人を社会・文化的文脈との相互作用のなかに位置づけて実施する研究がある。それは，すなわちナラティヴ研究であり，より具体的には社会・文化的アプローチである。社会・文化的アプローチを用いることで，研究対象とする現象の対話として捉えることが可能になり，現象を現実に即した形で深く理解することが可能になる。

なお，ここで用いるナラティヴは，「広義の言語によって語る行為と語られたもの」をさす。広義の言語には，身体や表情による非言語的語り，イメージ

や絵画や音楽や映画など視聴覚的語り，都市や風景など文化表象や社会的表象なども含まれる（やまだ，2007b）。化粧行為も，身体を用いた表現であるため広義のナラティヴに含めることが可能である。

　個人と個人が生きる文脈は，文化的に構成されており（Valsiner, 2000），人生における発達のなかで，ある行為や習慣，思考を獲得する（獲得しない）選択プロセスやかかわり方は多元的で多様である。個人に形成された文化的行為は，個人レベルの文化として多様性をもちつつも，その根源として，文化としての共通性をもつものとなる（小嶋，1995）。

　たとえば，中学や高校では化粧をして登校することが校則で明示的に禁止されることが多いけれども，他方で（高校生であっても）就職活動をする際や一社会人として正式な場所に出るときには(たとえばアルバイトをする場合など)，化粧をすることが求められる。また，大学生は就職活動に際して，学内での就職活動セミナーなどでビジネスマナーを身につける第一歩としてポジディブな対人的効用を得るために化粧指導をされ，化粧行為が外的に促進あるいは修正されることもある。こうした状況において成人になるにつれて化粧をやめる選択をする可能性は少なくなり，多くの女性は化粧をするようになっていく。化粧を日常的にしない選択は理屈として可能だとしても，実際には一度選択をした後に元に戻すことは難しい。社会・文化的状況と本人の志向性のせめぎあいのなかで形成・維持・変容していく化粧行為のあり方を明らかにしていくことによって，私たちの足もとにある化粧行為の文化がみえてくるだろう。ここから，化粧研究に新たな視座をもたらすことができるだろう。

　これに関連して，やまだ（2006）は従来の個人の内側に閉じられているモノとしてのパーソナリティや自己概念に対して，ナラティヴ・セルフというものの見方ができると述べている。ナラティヴは，内なる欲求，文化的要請，関与，信念，コミットメント，行為の全てを意味づける役割をもっている(McAdams, Hart, & Maruna, 1998)。ナラティヴを用いて個人にとっての行為の意味を総合的に分析することは，マクアダムスとオルソン（McAdams & Olson, 2010）が指摘するように，全体として個人の人生を理解するための枠組みをもつことにつながる。さらに，世界や人びとが生きる世界の複雑性を認めつつ，社会・文化的環境や時間によって変化する「現実」をボトムアップに把握するために

は，フィールドと事例に密着した「ローカルな理論」(やまだ, 2004) を用いることが有用であり，ナラティヴ・セルフはそれを体現する存在となる。

当事者のまなざしから化粧行為をとらえ直すうえで重要なのは，「意味の行為 (Bruner, 1990；岡本他訳, 1999)」としての化粧の観点である。意味の行為として化粧行為をとらえることによって，たとえ他者からみれば大きな意味をもたないと化粧行為が評価される場合にも，本人にとってはそれが心理的な支えとして重要な意味をもつということが認められるだろう。こうした考え方について，ヤング (Young, 2005) は，生きられた身体 (lived body) という概念を通して，個人の習慣や相互作用を明らかにする試みを行っている。この概念に基づくと，個人は特定の特徴，能力，欲望とともにある独自の身体として存在し，それらは特定の様式において他者と類似しているもしくは，異なるとされる。逆に，一見積極的に取り入れられているようにみえる行為が実は否定的な意味をもつこともあり得るともされる。

ナラティヴ研究は，社会・文化的文脈における相互作用に着目し，当事者の視点によりそう研究の知見をもたらすことを可能にする。ナラティヴとして化粧を読み解くこと，身体を物語る行為としての化粧行為を当事者の語りをもとに研究することで，化粧をする当事者としての個人が日常的に経験する他者や場所との関係性について，より現実に近い知見をもたらす可能性が開けるだろう。

2. 本書のナラティヴモデル

ナラティヴ論の視座を導入し，化粧行為をナラティヴとみなすことによって，自己と化粧行為との関連性を物語としてとらえ，その物語が宛先によって，どのように書き換えられたり変容したりするかを解釈的語り (narrative) という行為を入れることで，他者との対話的関係性のなかで自己が構成されていく過程をとらえることができる。語りにより自己が構成されるとは，語られるべき自己があって語られるということではなく，語ることで自己が構成されていくと考えることである (白井, 2011)。ナラティヴは自己がどのように構成されていくかを究明し，個人や社会が組み換えられ，意味づけられるプロセスを解き明かすことに特徴がある (Crossley, 2000；角山他訳, 2009)。本書の考え方

第1節　本書の視座　47

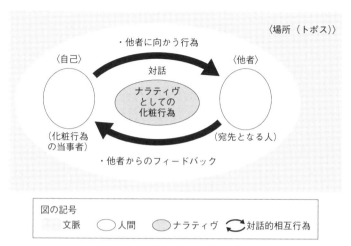

図3-1　本書のナラティヴモデル
対話的ナラティヴとしての化粧行為のイメージ

を明らかにするために図3-1に，本書のナラティヴとしての化粧行為のイメージを示す。

　図3-1はやまだ（2007b）のナラティヴモデルを参考に作成したモデルである。モデルのなかで，「化粧行為の当事者」は「宛先となる人」（関係する人，家族・友人など）と関係を結んで相互作用を行いながら生活する存在を想定している。そこでは場所（トポス）と直接的に結びついて当事者が生きる人生や生活や生（life）の実態があると想定する。なお，この場合の宛先となる人は実体としての人だけではなく，自己の内側に取り込まれた他者も含まれる（能智，2006）。このモデルのなかで，化粧行為は「化粧行為の当事者」と「宛先となる人」の中間に立ち現れるものと位置づけられている。これは，自己は，他者に向かう行為として化粧行為をし，他者は，そのナラティヴを受けて何らかのフィードバックを化粧行為の当事者にかえす円環的なナラティヴモデルである。

　すなわち，図3-1のモデルでは，能智（2006）が指摘するところの，語られた＜もの＞としてのナラティヴは立ち現れるナラティヴとしての化粧であり，＜こと＞としてのナラティヴは，他者に向かう行為とフィードバックとなる。この対話的相互行為を自己と他者の相互作用を示す矢印によって表現している。

本書はこのナラティヴモデルに示してあるとおり，化粧行為を自己と宛先の対話的関係性の間に生じるナラティヴと考える。

第2節 本書の構成と目的

　ここでは，本書の構成と目的を述べる。これまで，第1章では，本書で解決すべき問題を述べた。まず，本書が範疇とする化粧行為を定義した。つづいて，先行研究として化粧行為をとらえる心理学研究の視点を明らかにし，各々の分野において代表的な研究の動向を整理した。それらの研究の視点に共通する問題として，当事者の観点が欠けていることを指摘した。第2章では，本書における理論的・方法論的枠組みについて述べた。本書が拠って立つ理論であるナラティヴ論について紹介し，つづいて，社会・文化的文脈と個人のダイナミクスをとらえるためのアプローチ法である社会・文化的アプローチについて述べた。最後に，場所と移行のとらえ方について言及した。
　本章，第3章では，本書の理論的視座とナラティヴモデルによる視座を提示した。そして，第4章（研究1）から第7章（研究4）にわたる具体的な研究部分の構成と目的を説明する。なお，本書の構成を，図3-2にモデルとして示した。
　第4章（研究1）以降の構成は以下のとおりである。第4章（研究1）では，美容職従事者4名を対象にし，化粧行為と場所性について検討する。第1章で述べたように，社会・文化的文脈を重視する立場から，日常においていかに化粧行為が使い分けられているかを明らかにする。そのために，化粧行為のプロセスと宛先となる場所の連関をモデル化する。そして，調査協力者の語りに立ち現れた宛先となる場所を，やまだ・山田（2006）の多重場所モデルを参考に，「親密」「近所」「他所」の場所に分け，それぞれの場所において個人がどのような意識に基づきながら化粧行為を実践しているかという視点から分析を進める。
　第5章（研究2）では，宛先が発達的経緯によっていかに変容するかを，異性のパートナーとの関係に焦点化して検討する。当事者としての個人の生を共に生きる他者としてのパートナー（彼氏もしくは夫）との関係性を検討する。

第2節　本書の構成と目的　49

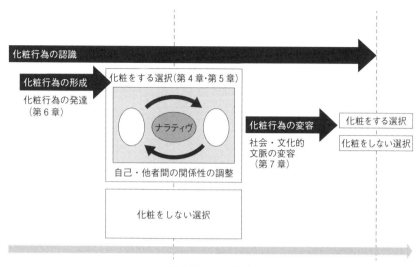

図3-2　本書の構成

　第4章（研究1）の調査協力者のうち，最もパートナーとの関係性について積極的に語っていた未婚の青年期女性と新たに調査協力を依頼した既婚の中年期女性を，第5章（研究2）の対象者とする。基本的な分析の視点は第4章（研究1）と同様だが，第5章（研究2）ではパートナーとの関係性の変容を対話的自己の観点から検討する。

　第4章（研究1）と第5章（研究2）では，特定の社会・文化的文脈のなかで生きる調査協力者を対象とし，自己－宛先の関係性と化粧行為のあり方と意味づけを明らかにする。つづいて，化粧行為がいかに形成され，いかに変容するのかという問題意識のもと第6章（研究3）では，日本の社会・文化的文脈のなかで化粧行為を形成する場合に，いかなる社会・文化的な影響を受けるのか，促進と制約が調査協力者の化粧行為にいかに影響するかを明らかにする。第6章（研究3）の調査協力者は，日本の大学に通う青年期の女子大学生5名である。化粧行為をする／しない選択をした地点を研究の最終点とし，当事者としての個人が，自身の立場を確立するに至るまでのプロセスについて複線径路・等至性モデル（Valsiner & Sato, 2006）を用いて分析する。

　第7章（研究4）では，化粧行為がいったん形成された後に，社会・文化的

文脈の移行が迫られた場合に,いかに変容が経験されるかについて扱う。本章での調査協力者は,日本において化粧行為が形成された後に,米国の大学に留学をした青年期の女性4名である。ここでは社会・文化的文脈が変容した後の化粧行為そのものとその意味づけの変容を,作成したモデルと調査協力者の語りをもとに検討する。

　第8章では本書全体のまとめと今後の課題について論じる。まず,各研究のまとめとして,第4章(研究1)から第7章(研究4)の結果と,本書の課題を述べる。つづいて,本書に掲載した研究内容を総合的にとらえ,化粧行為をよそおいによる心理支援に結びつけて活用する可能性について,展望を述べる。最後に,ナラティヴとして化粧行為を検討してきた本書独自の視点として,「対話的化粧」の概念を提唱し,「化粧で語る」ことの意義を強調する。以上が全8章にわたる本書の構成である。

第4章

研究 1
化粧行為と宛先

第4章では，日常生活における社会・文化的文脈のなかで，化粧行為がどのように使い分けられているかを明らかにする。そのため，調査協力者は化粧行為を自分自身の言葉で十分に語り得る美容職従事者とする。本章では，インタビューによって得られた日常生活と化粧行為に関する語りをもとに，化粧行為と宛先となる場所の関係性をモデル化する。そのうえで，社会・文化的文脈と化粧行為がいかにかかわるかについて考察する。

第1節 場所と宛先

1. 化粧行為に対する他者からの評価と行為者にとっての意味づけ

人はよそおう存在である。人が化粧を語るときには「大学生になるから化粧をしなければならない」や「TPO をわきまえた化粧をする」というように，社会・文化的な規範を意識した表現を用いることが多い。このような社会・文化的文脈を意識した言説からは，個人が単に自分の好きな外見に自らの姿を近づけることが化粧の目的になっているのではないことが分かる。

化粧行為とは少し離れるが，被服心理学においては，よそおいの一環としての服装選択が「個性の表現」と「社会規範への同調」のバランスによって決定されているとされる。「個性の表現」が強調されると他者と異なる自分らしさを示すための服装が選択され，「服装規範への同調」が強調されると，他者と類似した服装が選択される。現実の場面でも，プライベートな場面では人はより個性を重視した服装を選ぶ（個性の表現），職場などでは周りの目を気にして自分自身がおかれている立場に応じてきちんとした服装を選ぶ（服装規範への同調）など，人は状況に応じてよそおいを使い分ける（藤原，2007）。

「個性の表現」と「社会規範への同調」のバランスをとりつつよそおうためには，次の2つの視点が必要となる。1つは，社会・文化的文脈において他者がどのように自分自身を見るのか，自分自身が他者からどのように評価されるかという「見られる」視点である。もう1つは，よそおいの当事者である自分自身がどのように他者を見ているか，自分自身が他者をどのように評価しているかという「見る」視点である。私たちが，「見られる」視点と「見る」視点という異なる視点をもち合わせているからこそ，意味の行為としてよそおいが

実現しているのである。よそおいをめぐる「見る」・「見られる」2つの視点は，服装選択のみならず，化粧行為でも同様に重要である。とりわけ，化粧行為では，服装選択のようにすでに出来上がった状態のものを身に着けるだけで行為が終わるのではなく，化粧品を用いて自らの顔をデザインする必要がある。その際には，鏡を見ながら一定の時間をかけて自分自身を作り上げる過程を必要とするため，「見られる」視点がより必要とされる。

　神山（1994）は，よそおいを，「アイデンティティ・人格・態度・感情や情動・価値・状況的意味を伝達する手段」として用いられるものであると述べている。すなわち，化粧を含めたよそおいは，私たち自身の自分らしさや個性，個人のあり方を総体として表現し伝達するための手段といえる。

　しかし，化粧心理学における先行研究では，主に「見る」視点を研究対象としてきた。こうした研究では，他者評定を軸としながら，対人魅力や気分の高揚などといった化粧行為の効果が検討されてきた。より具体的な例をいくつか紹介すると，対人魅力の研究として，ヤコブ・ゲゲン・ボールブロイ・アーディシオーニ（Jacob, Gueguen, Boulbry, & Ardiccioni, 2010）は，化粧のレベルとレストランで顧客から支払われるチップの額の関係性を検討した。この研究から，たとえ同じ人物であってもフルメイクアップの時にはノーメイクの時よりもより魅力的だと他者から認知されることが明らかになっている（また，研究結果では特に男性客から支払われるチップの額が増加することにも言及されていた）。こうした結果を統合し，ヤコブら（2010）は化粧が身体的魅力を増大させ，女性的な特性に対する知覚を高めることを示唆した。高揚感に関しては，ナッシュ・フリードマン・ハッセー・レベク・ピノー（Nash, Frieldman, Hussey, Leveque, & Pineau, 2006）の研究がある。写真を用いた顔の魅力の評定から，メイクアップが女性を所得能力があり，名誉ある職をもち，健康的で，自信を得ていると他者に認知させるための補助的な役割をもつことを明らかにしている。この結果から，ナッシュら（Nash et al., 2006）は，女性は化粧を魅力の操作に使用していること，化粧によりポジティブな自己認知と幸福感を得ていること，そしてこれが自己高揚につながるとまとめている。

　他者が化粧をした対象を評価するという，個人にとっての「見られる」視点を重視する研究の視点は，先にあげた2つの研究のように，他者との関係のな

かで個人がなぜ化粧をすることにより魅力や感情を高揚させることができるかについて言及する。そして，女性をよそおいに向かわせるよう動機づけるための理論としても有益な説明を与える。

これに対して，日常生活を営む当事者としての個人の観点から化粧行為を捉えた場合に，化粧はいったいどのような体験として立ち現れてくるのだろうか。個人が化粧をする動機について考察した藤原（2007）によれば，1）印象管理，2）積極的動機，3）消極的動機，4）状況変化などの要因が含まれる。当事者としての個人の立場から捉えた場合，従来の「見る」-「見られる」関係性のパラダイムに基づく研究に比べると，その構造はより複雑である。当事者の視点から化粧行為のあり方を考えるためには，状況や動機などを含めた相互作用のなかで人がなぜ化粧をするのか，あるいはしなければならないのかという疑問に基づく問題設定が必要になる。

2. 社会・文化的文脈に基づく研究の必要性

日常生活を営む当事者としての個人の観点から化粧行為を捉えるために，ここでは他者からの「見る」-当事者としての「見られる」関係性のダイナミズムを対話的に考える。その際の相互作用が個別に生起することから，特定の社会・文化的文脈に基づくローカルな知を，事例をもとに取り扱うことが望ましいと考えられる。事例に基づきながら個別具体的に当事者としての個人の化粧行為を扱うため，本章では質的研究のなかでもナラティヴ分析を行い，美容職従事者の日常生活と化粧にまつわる語りを分析する。

ナラティヴは，状況的文脈，文化・社会・歴史的文脈など，入れ子の形の多重の文脈をもつ場所（トポス）のなかで共同生成される（やまだ，2000b）。特定の社会・文化的文脈に基づく化粧行為をナラティヴとして捉えるときには，そのナラティヴがどこに向けて発せられているものであるか，また，どのような場所のなかで交換されているかについて注目する必要がある。ナラティヴ分析の考えに基づくと，こうした視点は宛先（Bakhtin, 1986）の問題に落とし込むことができる。バフチンの対話理論のなかである声が発せられる際には，必ず相手の存在があり，宛先の声は先行する発話への応答とみなされる。発話は常に宛先を反映する。このことを本章の研究に応用すると，宛先の場所はよそおう他

者・場所を複合的に包含するものであり，発話は表出としての化粧行為ということになる。

これらの検討のために本書では，場所をトポス（topos）という意味で用いる。トポスとはトピカル（局所・時局的）で，ローカルな（一定の位置を占める），意味ある場所である（やまだ・山田，2009）。場所をトポスとみなすことにより，当事者としての個人がある特定の場所で，ある特定の宛先に向けた行為を捉えたい。そして，当事者としての個人によって語られた日常生活に基づく語りをモデル化する。

一連の分析から，自己と宛先を媒介する行為としての化粧の役割を明らかにするために，化粧行為と宛先の連関を場所と他者のそれぞれに位置づけてモデル化する。そして，女性の化粧行為をとらえるための新しい視点とモデルを提案する。

第2節 目　的

本書の全体としての目的は，ナラティヴとして化粧行為を捉えることにより，日常生活のなかで当事者としての個人が経験する化粧行為のあり方を明らかにすることである。本章では，日常的生活の文脈における宛先との関係性についての見通しをもつために化粧がいかにかかわるかを考察する。そのために，ナラティヴの視点を採用し，当事者としての個人と個人が身を置く場所(トポス)と宛先の2つの観点から化粧行為について考える。

具体的には，当事者としての個人が社会・文化的文脈との関係のなかで化粧行為をいかに使い分けているかについて，インタビュー調査による聴き取りをおこなう。そして，宛先の場所(トポス)に応じた化粧行為を，他者のあり方と，社会・文化的文脈との相互作用のなかでモデル化する。

第3節 方　法

1. 調査協力者

質的研究の場合には，調査協力者をどのように選ぶかが重要である。日常生

活における化粧行為の宛先と場所を検討するために，女性のなかでも化粧行為に熟達しており，なおかつ，自らが意図する通りに化粧を使い分け，それについて語る経験が豊富と想定される美容職従事者を調査協力者として選定した。このように条件を満たす対象者を選定するサンプリングの手法は質的研究のなかで理論的サンプリング（Glaser & Strauss, 1967；後藤他訳, 1996）と呼ばれる。対象者の選定の後には，スノーボール・メソッドの手続きにより，調査協力者を募った。スノーボール・メソッドとは，多くのインフォーマントを得ることが困難なフィールドで調査を実施する場合に，「最初に知り合いになった協力者から，信頼できる知り合いを紹介してもらう方法」（呉, 2004）である。

調査の手続きとして，はじめに研究の趣旨を説明する文書を郵送にて調査協力者に送付させていただいた（資料1-1）。そして協力を許可していただけた方には，筆者が直接，調査協力者のもとに向かい，個別に細かな趣旨説明を行った。私的な問題を丁寧に伺うためには，調査協力者との信頼関係と自発的な発話が重要になる。そのため，複数回の面接に応じていただくことを調査協力の

表4-1　調査協力者一覧

氏名	職業	年齢	美容職に従事した経緯
テル	化粧品販売業	33	実家が薬局であり，化粧品販売業を行っている。メイクについて学んだのは，家業を手伝うようになってからである。企業の講習などから経験を積み，店舗にてエステとメイク両方を行っている。
マオ	美容室	23	美容専門学校のメイクアップコースを卒業，メイクアップアーティストにはすぐになることができないため，美容室にてアシスタントを務める。美容院の宣材（スチール）撮影の時に，メイクアップを担当する。
イク	会社員（受付）	28	元モデルであり，元メイクアップアーティスト。幼いころから母親（美容職（化粧品販売）に従事）の美容講習などで，化粧のノウハウを学び，モデルとして参加したメイクアップショーでの仕事をきっかけに，メイクアップアーティストとして活躍。現在，引退し，アパレル系会社員として働いている。
ナミ	大学	61	職業人として自立するために，友人に教わりながらメイクアップの仕事を始める。職に就くまで専門的に学校で習ったことはなかったが，メイクアップショーに携わったことがきっかけとなり，美容専門学校の講師に就任，その後，准教授として活躍している。

条件とした。その結果，4名の調査協力者（年齢は調査実施時，23〜61歳）[2]を得ることができた。調査協力者それぞれの職業・年齢・美容職に従事するようになった経緯を表4-1に示す。

2. データ収集方法

事前に，調査協力者にフェイスシートへの回答を依頼した。フェイスシートは研究者自身が予備面接に基づいて作成した。実際のインタビュー場面においては，フェイスシートを調査協力者とのコミュニケーションを円滑に図るための補助資料として使用した。

インタビュー調査は，研究者が半構造化インタビューを実施した。調査協力者全員に共通する質問項目は以下の4つであった。

1) 化粧の手順と使用する化粧品，2) 特に，化粧の仕上がりに重要だと考える箇所，3)「いつも」の化粧と特別な化粧／化粧をしない状態の使い分け，4)「特定の人」が決まっている状態での化粧と「特定の人」がいない状態での化粧の違いについてである。

インタビュー調査にあたっては自発的な語りを重視し，順序性・形式ともに調査協力者との対話に応じて変更を加えながら，進めることとした。なお，インタビュー調査時に使用したフェイスシートとインタビュー・ガイドは本書の資料として巻末に添付した（資料1-2と1-3）。

インタビュー調査は話し手に語ることがなくなったと研究者が判断し，調査協力者にそれを確認した時点で終了した。調査に費やした時間は調査協力者により異なるが，一度につきそれぞれ41分から120分（平均76.3分（$SD=33.0$）），となった。調査は，個別に2度，研究者が調査協力者に指定された場所に出向いて実施した。

インタビュー調査の内容は，事前に許可を得て，ICレコーダーに録音した。録音した内容はトランスクリプト化し，分析の一次資料として使用した。そして，研究者がインタビュー調査中にノートに記録したメモは，補助記録としてトランスクリプトの作成と分析に使用した。なお，フェイスシートへの回答・インタビュー調査ともに，語りたくないことや回答したくないことに関しては応じなくてよいことと，プライバシーに十分な配慮をしたうえでインタビュー

調査の記録を学術論文等として公刊することを十分に調査協力者に説明し、承諾を得た。

調査協力者は、研究者が面識のある人物であったが、ラポールや信頼関係を保つように努めた。たとえば、突然インタビュー調査を開始するのではなく、お茶やお食事を共にする、近況についての雑談をするよう配慮した。インタビュー調査終了後のインフォーマルな会話のなかで調査協力者からは、肯定的な反応を得ることができた。特に、面接の後では「自然と行ってきた化粧行為の意味を改めて考えるきっかけになった」、あるいは「今後、お客さまと接するときに参考にしたい」などと語ってくれた。

3. 分　　析

化粧のプロセスに関する語りデータのみをインタビュー・データから抽出し、時系列に沿ってそのプロセスを横直線上に配置した。これを本研究では基本モデルとよぶ。その後、宛先となる場所(トポス)別に化粧の使い分け方を振り分け、宛先の場所(トポス)による化粧のプロセスの相違を配置した（分析1）。

モデルのなかで、横軸は化粧行為の流れ（プロセス）であり、縦軸はよそおいのレベルである。よそおいのレベルが低いものは上に、よそおいのレベルが高いものは下に配置するように記述した。なお、モデル化する際の化粧品名については、調査協力者の語りのなかからそのまま抜粋し布置した。

続いて、化粧行為における当事者としての個人と他者の関係性のあり方について、やまだ（2001）のモデル構成理論に従いモデルを作成した（分析2）。分析の手順は次の通りである。

まず、先行研究（木戸, 2007など）における考察から、分析2で作成するモデルの基礎的骨格を作成するために、抽象度の高い基本枠組み（Framework）となるモデルを作成した。次いで、作成した基本枠組みに基づき、調査協力者の語りをローデータとし、データの半分（調査協力者テルさんとマオさん）それぞれの語りの定義・分類を行った（これを、基本要素（Element）とする）。そして、2名の調査協力者の語りから得た基本要素をもとに、半具象モデルである基本構図（Composition）を作成した。最後に、調査協力者4人全員分のデータの基本要素を基本構図にそれぞれ配置し、基本要素としてのバリエー

ションや，基本構図として出てきたモデルの整合性を確認した。

第4節　結　果

1. 分析1　化粧行為の行われる場所

　調査協力者の語りから，化粧プロセスを時系列に沿って並び替えた。調査協力者の宛先の場所(トポス)による化粧の使い分けを振り分けたものが，分析結果となる。調査協力者のモデルによって化粧品の具体的な呼称が異なることもあるが，これは，インタビューの発話を直接モデルに反映させた結果である。調査協力者の語りをモデル化したものを，図4-1から図4-4として提示する。

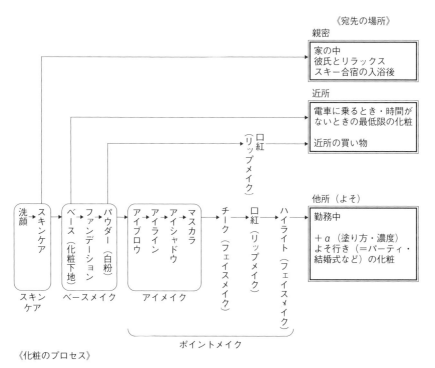

図4-1　テルさんの宛先の場所による化粧プロセスの相違

図のなかで縦軸は，《宛先の場所》としてある。これは，どこに向かって化粧をするかを示している。横軸は《化粧のプロセス》であり，これは，化粧の順序を示している。以下の図も同様である。

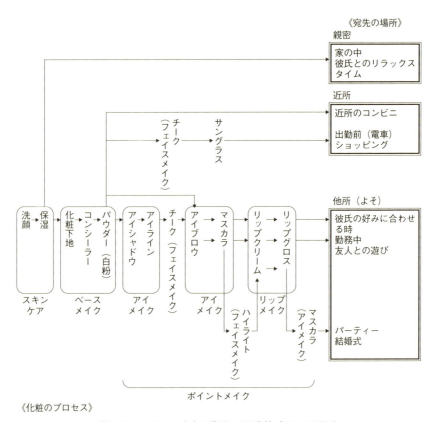

図4-2 マオさんの宛先の場所による化粧プロセスの相違

　各々のプロセスを図のようにモデル化した後に，化粧プロセスのなかで使用される化粧品の機能を明示するため，それぞれ，「スキンケア」「ベースメイク」「ポイントメイク」の3つに構造化した。ポイントメイクのサブカテゴリーとして，「アイメイク」「リップメイク」「フェイスメイク」の3つのカテゴリーを設けた。宛先の場所(トポス)に関しても，化粧プロセスと同様によそおいのレベルを対応させて布置した後に構造化した。宛先の場所のカテゴリー化に際しては，化粧のプロセスと心理的近さを基準に「親密（intimate）」「近所（neighbor）」「他所（strange）」とした。宛先の場所が変わることによってよそおい方──化粧のプロセスや施し方──は分化していた。つまり，向かう宛先の場所(トポス)と行

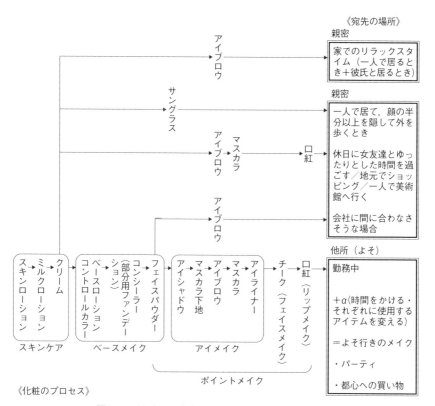

図4-3 イクさんの宛先の場所による化粧プロセスの相違

為者との心理的近さが遠くなるほど,化粧のプロセスは多くなり,必然的に化粧にかける時間も長くなっていた。さらに,施し方も入念になっていた。

ここから,宛先の場所（トポス）と対応させて使い分けられる化粧を,それぞれの特徴をもとに,「部屋化粧（Private Make-up）」「普段化粧（Daily Make-up）」「よそ行き化粧（Public Make-up）」と名付けた。

以下では,調査協力者のインタビュー中の語りを引用しながら宛先の場所（トポス）と対応させて使い分けられる化粧について説明する。インタビュー中の筆者の発話は＜＞で示した。トランスクリプトの太字部分は,筆者が強調したい発話である。なお,調査協力者の個人情報およびプライバシーの確保をより確実にす

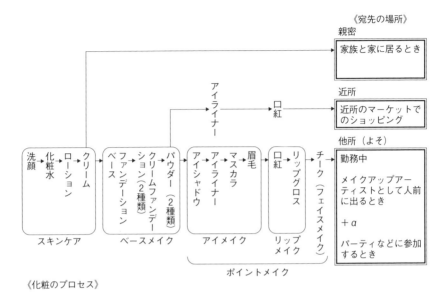

図4-4 ナミさんの宛先の場所による化粧プロセスの相違

るために，語りデータの一部に若干の変更を加えた。これは，後の章でも同様である。

2. 親密・近所・他所，場所(トポス)と化粧行為
(1)「親密」な場所での化粧（＝部屋化粧）

親密な場所(トポス)での化粧は，1人もしくは，家族・恋人などの近親者と共にいる場合の化粧である。親密な場所での個人は，第三者が存在しない家のなかのような，リラックスした場にいる状態にある。そのため，調査協力者にとっては他人を気にすることなく，最も自分が自分らしくある状態でいられる場所(トポス)としての語りが得られている。典型的には，ナミさんの表4-2のような語りがある。

表 4-2 ナミさんの親密な場所(トポス)での化粧語り

＜メイクアップアーティストとしての１つのモードがあると思うのですが，場に応じての化粧というのは，ナミさん，どのように考えていられますか？＞ 私自身が？　家にいるときは，私はほとんど素顔。はい。素顔でいますね。 ＜何かその理由とかありますか？＞ あー，そうやね。オフとオンの自分の気持ちの切り替えみたいなもので，やっぱりノーメイクで自分の素顔でいるっていうのはすごくなんかリラックスするんですね。だから，家でいるときは，今日なんか午後からプライベートなもので出かけるってなったら，もう，メイクは即してるけど，一日どこも行かないなら，朝から顔を洗って，ローションとクリームぐらいはつけるけど，そのままで一日過ごすことも多いね。 ＜それは，旦那さんとか娘さんとかが居てもそうですか？＞ うんー。もう全然。やっぱりその切り替えがね，なかったらね，何かしんどいんですよね。

　ナミさんの語りからわかるように，「親密」な場所(トポス)での化粧，すなわち部屋化粧とは，メイクアップをする場合よりも，スキンケアのみ，つまり素顔の状態をさす場合が多いようである。仮に化粧を施す場合にも，ポイントメイクを施すといった程度である。「親密」な場所(トポス)での化粧には，化粧をしない状態もしくは，ごく薄い化粧が施される程度が採用されやすいようである。

(2)「近所」の場所(トポス)での化粧（＝普段化粧）

　近所の場所(トポス)での化粧は，一人で近所でのショッピングや散歩などに外出する場合や，ごく近しい友人とプライベートな用件で会うような場合に施される化粧である。時間がないときの化粧や出勤前の化粧などもこのカテゴリーに含んでいる。すなわち，近所の場所(トポス)での化粧は，外出する際に個人が，他者と対峙することが可能になる最低限のレベルの化粧と言い換えることができる。

　たとえば，テルさんは，外出する際の最低限の化粧について，表 4-3 のように語っていた。

　普段化粧のプロセスはベースメイクのみ，もしくは，ベースメイクに一部ポイントメイクを施す程度で完了する。化粧を施す代わりに代替的な方法が使われることもある。具体的には，表 4-4 にあげるマオさんの語りのように，サングラスで目元を覆うなどである。

　この場合，サングラスは，本来の「直射日光や紫外線から目を保護する」機能から，「他者の視線から自己の目元を保護する」機能へと，その役割を転じ

表4-3　テルさんの「近所」の場所(トポス)での化粧の語り

<たとえば，メイクのどのあたりから外に出るモードになってますか？>
下地と，時間があったらファンデーションを塗るな。粉かファンデーションかな。どこかで私は顔色が悪いっていうコンプレックスがあると思うから，スッピンだと顔色が悪く見えるって思いこんでるところがあって，それは実際そうやねんけど，実際やっぱりスッピンやとクスミが目立つから，やっぱりそれを隠そうとするのかなぁ。

表4-4　マオさんの「近所」の場所(トポス)での化粧の語り

<お買い物っていうのも，ある程度地元の方でするの？　それも，誰かに会うとかじゃない？>
ないですね。近所のスーパー行ったりとか。あと，ちょっと遠出する時とかでも，○○（大型ショッピングモール）くらいなら，サングラスだけで行きます。
<そういう意味で，サングラスって便利やね。>
だいぶ便利です。
<目線が気にならない感じ？>
一番メイクして変わるのがこのへん（目元）だからかもしれないですね。

ている。サングラスが化粧の代替手段として用いられる理由について，マオさんは目元が「一番メイクをして変わる部位」であるためと語っている。目元の化粧は図4-1から4-4の化粧行為のプロセスでは「アイメイク」として位置づけられる。「アイメイク」は，使用するアイテム・工程共にポイントメイクのなかでもきわめて複雑な手順を要する。これは，近年のつけまつ毛・まつ毛エクステンションの流行，「眼力」という言葉の流行にもみられるように，目元の化粧を重視する姿勢にも関連するだろう。目は顔のなかで最も動く部位であり，なおかつ，感情を表出しやすい部位でもあることが考えられる。さらに，他者からの視線を直接的に受ける部分であることからも，目元を隠すことは効果的な化粧の手段と考えられる。

近所の場所(トポス)での化粧をここでは，外出する際の最低限の化粧と定義しているが，近所の場所(トポス)の性質はさらに2つに分けられる。それぞれ，「親密」に近い近所の場所(トポス)と，「他所」に近い近所の場所(トポス)である。

「親密」に近い場所(トポス)での化粧は，明確な役割が存在する場合の化粧である。いわゆる近所付き合いがこれにあたる。通常，近所付き合いには役割があり，ある程度は，向かうべき宛先の場所(トポス)も限定されている。そのため，そこにあるべき特定の自己と他者の姿を予測することができる。一方で，「他所」に近い

近所の場所(トポス)での化粧には，当事者の明確な役割は決まっていない。この場合にはどのような場所(トポス)で誰に会うかが不定であるし，近所の場所(トポス)では，長い時間を過ごすことは想定していない。「他所」に近い近所の場所は多義的な場であり，他者と接することよりも，何らかの目的を達成するための中間地点として位置づけられるため，化粧行為もまた選択が曖昧になりやすい。

近所の場所での化粧は，上述したようにむしろ曖昧な社会・文化的文脈の関係性が前提となる。なお，外出する際に化粧を施す時間がない場合に近所の場所(トポス)の化粧が採用される場合がある。この場合には，本来の宛先の中間地点となるはずの場（たとえば電車など）が暫定的に宛先へと移行し，それに伴って場所(トポス)の意味合いも変容する。つまり普段は移動手段としての電車という場（＝公的な場所(トポス)）が，化粧を施す場（＝私的な場所(トポス)）へと変容するのである。特に，電車のような中間の場として機能しやすい場所(トポス)では，個人の認識コードと場所(トポス)の定義がまちまちであり，それによって軋轢が生じやすい。この点については，考察で具体的に言及する。

(3)「他所」の場所(トポス)での化粧（＝よそ行き化粧）

他所の場所(トポス)での化粧は，仕事・パーティ・結婚式などの際におこなう化粧である。この場合に当事者としての個人は，ある程度長い時間外にいるもしくは他者とのかかわりのなかにいる場合が多い。また，他所の場所(トポス)では新しく他者と出会う可能性も高い。

たとえば，イクさんが語った表 4-5 のような語りがある。イクさんは，一通りの化粧をし，安心して他者と対峙できる状態の「よそ行きの自分」になることがリラックスにつながるという感覚について語っている。

化粧行為のプロセスには個人差はあるが，先にあげた 2 つの場所(トポス)での化粧よりも複雑な手順を経るのがよそ行き化粧の特徴である。仕事の際に施す化粧とパーティの際に施す化粧とは通常区別されるが，どちらもその目的が第三者としての他所の人や場所(トポス)に向けられているため，ここでは同一カテゴリーとしてまとめた。

分析 1 では，場所に応じてどのように化粧行為が使い分けられてきたかについて検討した。場所や社会・文化的文脈によって他者との関係性は相対的に変

表4-5 イクさん他所の場所（トポス）での化粧の語り

＜見られたい欲求みたいなものってあるんですか？　ちょっとでも綺麗な風にって？＞
そうだね。都心部に出るときは，その方がいいんだと思う。馴染めるっていうか，反対にバサバサしているほうが浮いちゃうっていうか，リラックスして寛げるんじゃない？
＜リラックスの意味が反転するんですかね？　地元ならナチュラルメイクで，都心部ならフルメイクでっていう？＞
そうだね。反対にメイクしてる方が落ち着く。その，なんていうの馴染むっていうかさ。そういう風に考えるとそうだねって感じ。言葉にするとそうだなって思う。すごい，みんな女の子そうだよね。多分。反対にそういう風にしていない方が，すごい浮いちゃってる自分にストレス感じるんだと思う。反対にするほうがリラックスなんだと思う。そこにいる自分，存在している自分っていうのが。

化していくものと考えられるため，続く分析2では，化粧を行う際に想定する他者のあり方を検討する。

3. 分析2　化粧行為と他者性

分析2では化粧をする際，想定する他者の存在とそれに向かう当事者としての個人の意識に研究の関心を向ける。宛先によって化粧行為が変容する場合にどのようなパターンがあり，具体的にはどのようにして，意図的に使い分けられているかについて，理論的に想定した図4-5の基本枠組みを仮説とし，他者性の立ち現れ方のバリエーションを分析した。

理論的に想定した基本構図は，化粧行為を行う場合に個人が自己と他者の関係性を想定しながら対話的に化粧をするという前提に基づいている。以下では

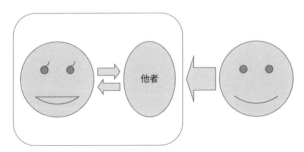

図4-5　理論的に想定した基本構図
化粧した状態の自己をメタ的に想像している自己の図。右端が現在の自己であり，左端は化粧をした自己，中央が化粧をした自己と対峙する他者である。図中の矢印は，それぞれ意識の方向性を示す。

調査協力者の語りを援用しながらそれぞれの基本構図のバリエーションについて検討したい。

(1) 他者性の種類

分析から他者性の語りには5つの基本構図のパターンがあることが明らかになった。

基本構図1は，他者の不在（もしくは，他者をあまり意識しない場合）の構図であり，主として化粧をするときの意識は自己に向けられ，同時に自己省察が行われる。基本構図2は，他者を意識したときの相互関係の構図であり自己ははっきりと他者を意識している。基本構図3は，場所を共有した他者との相互関係の構図である。次いで，基本構図4は，場所を共有しない他者（つまり，自己からみれば外部の他者）と対峙する場合の構図である。最後に，基本構図5では，場所を共有した他者との関係性に場所を共有しない（外部の）他者が立ち現れている場合である。それぞれの基本構図を図4-6から4-10として提示する。

(2) 5つの基本構図

基本構図1　他者の不在

基本構図1は，他者の不在の構図である（図4-6）。主に，近親者（家族・恋人・親しい友人など）が関係性の宛先である。自宅や近親者の家などが場所として語られていたことから，私的な関係・空間にいる場合が基本となる。真の意味で他者の不在や，1人で家にいるようなときも基本構図1に含まれる。なお，分析1と併せて捉えると「親密」な場所はここに対応する。

一連の構図のなかで，基本構図1において個人は最もリラックスした素に近い状態となる。ここでの他者は親近者であるため心的距離も近い。この場合の他者性は自己に内化されている存在である。そのため，他の基本構図と違がって，他者の視線は当事者としての個人に意識されていないと考えられる。化粧行為自体も，宛先の場所の「親密」な場所（分析1）でも述べたように，多くの場合，化粧をしないもしくは最小限の化粧をしている程度の状態である。

基本構図1「他者の不在」の典型的な語りとして，ナミさんの表4-6のよう

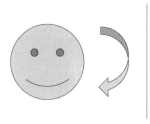

図 4-6　基本構図 1　他者の不在
図のなかで左が自己，右が他者を示す。他者を破線で描いているのは，他者が不在の状態を示すためである。中央にある線は自己と他者の境界を概念図として示したものである。自己に向かう丸い矢印は化粧によるよそおいのフィードバック過程が，一見他者に向けられていたとしても，結果的に自己に向かうことをあらわしている。

表 4-6　ナミさんの語り

家でいるときは，今日なんか午後からプライベートなもので出かけるってなったらもう，メイクは即してるけど，もう，一日どこも行かないなら，朝から顔を洗って，まぁ，ローションとクリームぐらいはつけるけど，もう，そのまんまで一日すごすことも多いね。 ＜それは，旦那さんとか娘さんとかが居てもそうですか？＞ うんー。もう，全然。何かやっぱりその切り替えがね，なかったらね，何かしんどいんですよね。 ＜メイクしてずっと外に出てなければならない状況というのは，疲れますか？＞ 疲れるわね。やっぱりそれこそ本当にね，自分をよそおっていくっていう気持ちは，ある意味の緊張感をもってるんやろね。きっと。だから，家にもう，ずっといるということは，本当に緊張感から解き放されているときなんかしら。うん。

な語りがある。

　他の調査協力者たちも同様に基本構図 1 の語りでは，ほぼ全員が化粧をしないと語っていた。特に，化粧をする／しないの使い分けには，ナミさんの語りにもあるように「オンとオフの切り替え」という意識が強くはたらく。常に他者から見られる存在として美容職従事者にとっては，特にこのような切り替えが意識的に実践されているのだろう。

　基本構図 1「他者の不在」（図 4-6）は，自己を何らかの形でよそおう基本構図 2 から 5（図 4-7 から図 4-10）とは違い，素の状態，つまり，「オフ」の状態として認識されていた。ここでは，共に存在する他者は存在するものの，「見られる」ことを意識しておらず，よそおう必要性が生じていなかった。

表 4-7 イクさんの語り

私，美術館とか，プライベート，1人ですごいよく行くから，美術館とか都心のちょっとはずれだけど，行くときはすごいナチュラルメイクで行ってる。一人でだから，第三者がいないからだよね。関わる人がいないと，すごいナチュラルで，そこまで……だから，人がなんていうか，自分じゃない違うところってわかる？　違うところに視線が行ってるっていう感じのときはそうかもしれない。 ＜人から見られてる自分が気にならない感じですか？＞ だと思う。よくよく考えて，美術館とかそういうところ行くときは，すごいナチュラルメイクで行ってるかもしれない。カジュアルで。

　意識が自分に強く向いている場合にも，宛先としての他者が不在になる場合がある。そうした状況を，イクさんはプライベートな時間に美術館に向かうときのよそおいと関連させて表4-7のように語っていた。

基本構図2　他者との相互関係

　基本構図2は，「他者との相互関係」の構図である（図4-7（1））。この構図の特徴は，他者の存在が意識されている一方で，場所があまり特定されていない点にある。この構図についての語りは，具体的な状況というより，社会的場面における自己のあり方について触れられることが多かった。

　他者は近親者との関係性から第三者としての匿名の他者まで，5つの構図のなかで最も広範囲に及んでいた。場所が明らかでないことから，基本構図2は，分析1の「近所」「他所」の場所の両方に対応する構図であると考えられる。

　基本構図2「他者との相互関係」の語りでは，「外出する際には習慣として化粧をする」という語りが得られている。いったん外に出ることによって社会的な状況にさらされる。そして，他者から見られるという構図がこれにあたる。当事者としての個人は，社会的な存在の自己として理解することができる。自己のあり方についての個人差はあるものの，それぞれに一定の化粧のレベルでよそおっていた。

　また，他者との相互関係を目指しながらも宛先が自分自身に向かっている化粧もある。興味深い語りとして，マオさんのパートナーとの関係性についての表4-8のような語りがある。

　この語りでは，化粧が他者を志向しながらも自分自身に向かっていく意識が大きいことが読み取れる。そのため，他者に向かう化粧をしたという行為その

70　第4章　研究1　化粧行為と宛先

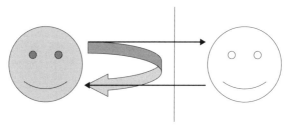

図 4-7（1）　基本構図 2　他者との相互関係
図のなかで左が自己，右が他者を示す。中央にある線は自己と他者の境界を示しており，自己に向かう丸い矢印は化粧によるよそおいのフィードバックを示す。
黒い直線の矢印は，自己と他者の意識の相互作用を示している。

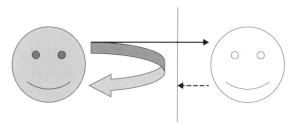

図 4-7（2）　基本構図 2　他者との相互関係のバリエーション
図のなかで左が自己，右が他者を示す。中央にある線は自己と他者の境界を示しており，自己に向かう丸い矢印は化粧によるよそおいのフィードバックを示す。黒い直線の矢印は，自己と他者の相互作用を示している。ここでは，他者からのフィードバックを意識しない状態をあらわすために，他者から自己に向かう矢印を破線で表現している。

表 4-8　マオさんの語り

＜たまに（彼氏に合わせたメイクアップを）していったら喜ぶ？＞ 全く気付かれないですね。メイクのこととか，服のこととか，髪の毛のこととか，切っても何にしても，何にも気付かないです。 ＜それって，ショックじゃない？＞ うーん，いや，でも，化粧って気付かないでしょう，男の人は。「アイシャドウいつもと違うね」とは多分あんまり言わない人が多いんだろうなって私は思ってるんで，特には気にしてないですね。自己満です。 ＜今日はいいねみたいなことを言ってくれなかったら？＞ そんなこと言おうものなら，「どうしたん？」って言うと思います。気持ち悪みたいな。

ものが，マオさんの満足感につながっていた。基本構図2のバリエーションとして，図4-7（2）のようなモデルが想定できる。

基本構図3　特定の場所(トポス)における他者との相互関係

基本構図3は，「特定の場所(トポス)における他者との相互関係」の構図である（図4-8）。ここでの他者は，友人や仕事の関係の知人など，日常的なかかわりがあるものの，プライベートな関係性をもたない他者である。喫茶店や会社などの公的空間が場所として語られていた。基本構図3「特定の場所(トポス)における他者との相互関係」は，分析1の「近所」「他所」の2つに対応する。

基本構図3は，日常生活のなかで，最も他者を意識する対人場面の構図といえる。よそおいのレベルを周囲にあわせるということについて，他のどの基本構図よりも詳細にエピソードが語られていたのが特徴的であった。具体的に，「TPOに合わせた化粧」や「周囲から浮かない化粧」という語りが得られた。

特に，同姓の友人との関係のなかで，逸脱を避けるようによそおいのレベルを合わせている点は比較文化心理学にもとづく研究でしばしば指摘される，日本人の「横並び」意識につながる。これまでの研究では，「横並び」意識が強いと述べられていたにとどまっていた。本研究からは，特定の場所と他者を想定している場合に横並び意識は公的な場でより強くなることが明らかになった。結婚式などの社会的場面であり，同一場所(トポス)内に存在する他者が同席するような

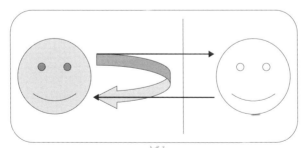

図4-8　基本構図3　特定の場所(トポス)における他者との相互関係
図のなかで左が自己，右が他者を示す。中央にある線は自己と他者の境界を示しており，自己に向かう丸い矢印は化粧によるよそおいのフィードバックを示す。黒い直線の矢印は，自己と他者の相互作用を示している。外側の枠は，相互作用が特定の場所に基づいていることを示す。

表 4-9　テルさんの語り

結婚式もいろいろなやつがあるから，カジュアルにするっていうところもあるし，披露宴で，家族ちゃんと呼んでしはるとこもあるし，やっぱり着物とか選ぶにしてもちゃんとした付け下げじゃないとだめやよとか，なんかそういう風には聞いたりはするよね。ちゃんとしていった方がいいのかとか。母とかに相談したりするよね。周りに聞いたりとか，選ぶ段階でいろいろ考える。友達同士で行ったりとかね。
＜友達同士であわせたりとかするんですか？＞
どんな感じの着ていく？　みたいなんで，結構そのカジュアルなブーツ履いていっていいような二次会なのかとか，やっぱりパンプスとか，結構きっちりした短いのかとか，大体友達と相談したりするかなぁ，結婚式の二次会みたいなのは。大概結婚式やね。こういう話はね。披露宴ってカジュアルすぎると，綺麗なとこだと，マナー的なところでなんかなぁ，あるから，それぐらいかな。後はまぁ，そんなに。

場合である。テルさんの結婚式に行く準備についての語りが基本構図 3 の現象を端的に表現している。

　テルさんは，周囲とよそおいを合わせるために友人と相談し，場所に対するイメージをつくっていた。恐らく，化粧やその他のドレスコードをあわせることで他者との調和を図っていたものと考えられる。

基本構図 4　場所外(トポス)の他者との相互関係

　基本構図 4 は，「場所外(トポス)の他者との相互関係」である（図 4-9）。ここでは，「場所外」という言葉を自己と他者の間で場所を共有していないという意味で用いる。場所の共有をしている場所内の他者とは，社会・文化的文脈を共有している他者であり，場所外の他者は，社会文化的文脈を共有していない他者である。具体的に，基本構図 4 で想定する他者は，来客がある場合や職場での対人関係などである。場所としては，職場・パーティ・都心部での買い物など，多少なりとも改まった場所があげられていた。場所外(トポス)の他者との相互関係では，日常的にかかわる他者よりも，たまたま遭遇する相手や初対面の相手，外部からの来客などが語られていた。当事者としての個人は，場所内の他者よりも社会的な関係性を意識せざるを得なくなり，他者性は，基本構図 1 から 3（図 4-6 から図 4-8）よりも強調されて語られているという特徴がある。その意味で，基本構図 4 は，分析 1 と併せて捉えると宛先の場所(トポス)の「他所」に対応すると考えられる。

　特に，調査協力者が美容職従事者という点から，就業時には，専門的技術を

第4節 結　果　73

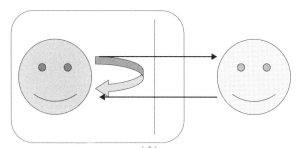

図4-9　基本構図4　場所外(トポス)の他者との相互関係
図のなかで左が自己，右が他者を示す。中央にある線は自己と他者の境界を示しており，自己に向かう丸い矢印は化粧によるよそおいのフィードバックを示す。黒い直線の矢印は，自己と他者の相互作用を示している。外側の枠は，相互作用が特定の場所に基づいていることを示しており，この場合に他者は特定の場の文脈の外部にいる存在とみなされる。

もったプロとして見られるために自己を演出するといった内容が，全ての調査協力者によって語られていた。彼女たちは，「美容職従事者としての私」をよそおっていた。このような職業や役割に基づいたよそおいは，美容職従事者以外にも共通すると考えられる。自らの担う社会的な役割が明確であり，なおかつ，基本構図3「特定の場所(トポス)における他者との相互関係」で述べたように，「横並び」意識の強い場においては，何らかの役割「らしく」見えることが目指されるのだろう。

基本構図5　場所内(トポス)・場所外(トポス)の他者の複合的相互関係

基本構図5は，「場所内(トポス)・場所外(トポス)の他者の複合的相互関係」であり，場所内(トポス)での他者との関係性に，他者が入ってくる構図である（図4-10）。基本構図1から4（図4-6から図4-9）と比べるとより複雑な関係性を示す図式である。基本構図5は，分析1と照らしあわせると「他所」に対応する。

この基本構図の典型的な語りとして，知人の知人を紹介されるような場面についての語りがある。イクさんの語りを表4-10に挙げる。

同一の場所内(トポス)にいる他者との関係性のなかで，場所外(トポス)の他者が加わる場合，化粧の宛先は場所内(トポス)の他者ではなく，場所外(トポス)の他者を指向する方向に変容する。化粧の宛先が変容した場合には，必然的に化粧行為までもが変容する。それが

74　第4章　研究1　化粧行為と宛先

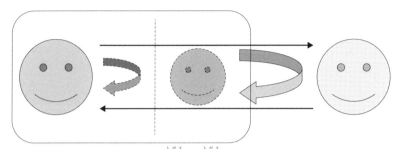

図4-10　基本構図5　場所内・場所外の他者の複合的相互関係
図のなかで左が自己，中央および右が他者を示す。中央にある線は自己と他者の境界を示しており，自己に向かう丸い矢印は化粧によるよそおいのフィードバックを示す。黒い直線の矢印は，自己と他者の相互作用を示している。外側の枠は，相互作用が特定の場所に基づいていることを示しており，基本構図5では，特定の場の文脈の外部にいる他者と内部にいる他者が両方存在する。図のなかで内部にいる他者（中央）が破線で描かれているのは，自己と外部の他者との間により相互作用が起こりやすいことを示すためである。

表4-10　イクさんの語り

第三者が何か入ってくるときになったらきちんとするかな。第三者とか，たとえば女の子同士とかでもそうだよね。私が知らない子が入ってくるときだったりとか，それだったら，きれいにしといたほうがいいのかなとか，そういうのがはたらくかな。だから，いつも慣れている人プラス誰かが入ってくると，そうかもね。 ＜誰かが今から来るんだけどって言われたら，やる感じなんですか？＞ こんな汚くていいの？　とか言って，ごめんなさいねとかいいながら。そういうときもある。 ＜それって何でですか？＞ 何だろ。自分にとって，失礼に当たるって思っちゃうから。うん。 ＜それは，年上も年下も関係なしに？＞ そうそうそう。失礼かなぁって。ちゃんとしとかなきゃなぁって。人と会うんだったら，きちんとしなきゃっていう，どこかで動くんだと思う。そういう風に，自分の気が引き締まるじゃなけど，メイクによってしゅっとする。（中略）第三者の人が入ってきたら，申し訳ない，こんな汚いままでごめんなさいってなったりしちゃうじゃない？

　どのような現象として体験されているかについて，イクさんは，先の語りの続きを表4-11のように語っている。
　語りのなかでイクさんは新奇な相手が人間関係の文脈に加わるタイミングで，化粧直しをしている。この場合，同一トポス内にある他者ではなく，新たに出会う他者に向けて化粧の宛先が変わっている。単に他者との相互関係は，行為者から新奇な他者ではなく，行為者〈から同一トポス内にある他者〉から新た

表 4-11 イクさんの語り

> <どっちにその？紹介してくれる男友達の方に気を使いますか？>
> そうだね。紹介してくれてはじめましてなのに，最初からこんなんでいいのかなっていう感じだから，一応メイクも直すし，それは，彼にとっても失礼にあたらないと思うから，そういうのきちんとケアをするとかっていうところはあるかな。（中略）その方がいいって思うと思う。男友達。パーティとか行ったら，結構そうじゃない？　一緒に行って，別に友達だけど，付き合いはないけど，紹介されると，その女の人の格で男の人の価値が決まっちゃうから，そういうときすっごい気をつけるよ。すっごいピリピリしてる。

に出会う他者となるのである。つまり，基本構図1のように，ある他者の存在が不在となるのではなく，むしろ薄れるという表現がふさわしいといえるだろう。なぜならば，行為者は同一トポス内にある他者との関係性の文脈上にある役割を考慮しつつも，新たな宛先として立ち現れた他者との相互関係に向いているからである。

(3) 他者とのかかわりと行為

　他者がそれ自体で存在することはあり得ない。他者とは，自己との状況や文脈によってそのあり方を変える存在である。これまでに提示してきた5つの基本構図をもとに考えると，他者のあり方は必ずしも一定のあり方でないことが分かる。基本構図1のように，宛先となる他者が存在しつつも不在である場合や，基本構図5のように，宛先となる他者が入れ替わるといった場合の他者性は特に興味深い。また，他者が明確に意識される場合にも，他者だけでなくむしろ場所が意味をもつ場合がある。当事者としての個人は，同一トポス内に存在する他者との関係性において，よそおいを「合わせる」ように心がけ，その場所や共に存在する他者に馴染むように意識する。一方で，その場所における役割が明確に決まっている場合には，トポス外の他者に対しては，ある場所の文脈における個人が期待される「役割」に沿うようによそおいを調整していた。つまり，当事者としての個人は，「よそおう」結果として「見られる」のではなく，他者によって「見られる」ことを前提として「よそおう」のである。

　こう考えると，化粧を施した時点で，すでに次に身を置く場へと心理変容は完了していると考えられる。それは，化粧をする際には，時間展望と未来の行為に対する見通しをある程度もち，限定された範囲に適応するための化粧を施

すと考えることができるからである。

第5節　日常における宛先の移行

1. 多重の場所(トポス)モデル

　化粧を施す際に，私たちは分析1の結果で提示した3種の場所(トポス)を往還しながら生活実践を営む。3つの場所(トポス)モデルをもとに考えると，日常生活を営む個人は多重の場所を生きる存在であるといえる。そして，具体的な場の文脈の移行をたどることが可能になる。

　ある人の1日の生活について考えてみる。親密な場所(トポス)である家から他所の場所(トポス)である職場に出向く際に，職場にふさわしいと考えられるよそおいを実践する。出勤の交通手段として電車を使う場合には，単に電車は中継点であり，宛先にはならない。そして，仕事が終わったタイミングで化粧直しすることで，次の宛先へ向かうためによそおいのコードを調整する。そして，近所の場所(トポス)である親しい友人と喫茶店にお茶をしに行く。その後，再び電車でパーソナル・トポスである家にいったん帰った後で，コンビニエンスストアに行き，再び家に帰るといったような一連の場所移行を把握することができる。私たちは家にいるとき，職場にいるとき，親しい友人といるときなど，それぞれ異なる社会・文化的文脈に身を置く。出勤する時の化粧の宛先は，電車という時空を越えて職場に向かい，家を出るときに施す化粧は職場向けの化粧となる。つまり，家－電車－職場という移行の一連の流れにおいては，電車は単なる中継点であり，家－職場が宛先となる。この場合には，電車は移動の手段として定義できる。だが，電車内での時空のすごし方については，その定義は曖昧である。仮に出かける前に次の場所(トポス)へと移動するための準備として必要な化粧を施す時間をとれない場合には，電車は，化粧をするためのパーソナルな場として立ち現れることもある。

　場所(トポス)の認識や，それに伴う化粧の使い分けは，当事者としての個人の経験に基づいて組織化された精神機能の一部となる。これら3つの場所(トポス)は個人が身を置く社会・文化的文脈と個人ダイナミクスにより生じる。このようにして組織化された場所性は，化粧行為を決定していくときに，制約や促進などという形

で影響する。

　こうした観点から，やまだ・山田（2009）の「人生の年輪モデル」と同様に，本書において導き出した3つの場所モデルを階層モデルとして提示することができる。親密な場所はパーソナル・トポス（Personal Topos）に，近所の場所はミクロ・トポス（Micro Topos）に，他所の場所はメソ・トポス（Meso Topos）となる。本章の研究に基づく場所移行モデルとして図4-11を提示する。

　やまだ・山田（2009）の人生の年輪モデルでは，個人を基本単位としていたため，パーソナル・トポスは個人的属性（年齢・性・パーソナリティ）となっていた。しかし，本章のモデルでは，他者との関係を基本単位としてたため，「親密」な場所をパーソナル・トポスとした。マクロ・トポス（Macro Topos）については，調査協力者の具体的な語りよりも，さらに大きな社会・文化的文脈からの影響があると考えられる。そのため，マクロ・トポスに関しては薄い色彩で表現した。

　社会・文化的にある程度化粧の施し方やコードが異なる場合には，化粧の読み取られ方も異なる場合がある。日常と異なる文脈に身を置く場合に，自身がそれまでに行ってきた化粧のコード自体を変える必要に迫られることとなる。この点に関しては，第6章（研究3）で詳しく述べるが，自己の置かれる場所が変容する時期（たとえば高校入学や成人式など）をきっかけに，化粧行為をはじめる（もしくははじめさせられる）という結果が得られている。より生涯発達的に考えると，社会性の広がりやライフ・イベントとともに私たちが身を置く場所もまた変容する。たとえば，高校を卒業してから大学に入学する，そして，大学を卒業して社会への参入を果たすなど社会的参入の度合いに伴って社会性は段階的に広がっていく。この場合に，社会性の拡がりとともに「生徒としての私」から「会社員としての私」などのように，個人のあり方も同時に変容していく。それとともに，よそおいのコードも変容する。

　特に，社会・文化的文脈のような，マクロ・トポスからの影響は行為決定を大きく左右する。図4-11として本書の調査協力者マオさんの事例から作成したモデルを提示する。モデルには化粧行為にかかわると想定できるカテゴリーを布置した。なお，実際の語りから得られた社会・文化的影響のカテゴリーでないため，マクロ・トポスのモデルの色調は薄く表現している。

78　第4章　研究1　化粧行為と宛先

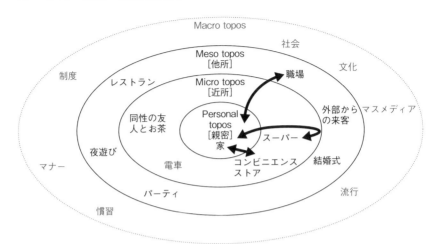

図4-11　多重場所モデル（やまだ・山田, 2009を参考に作成）
この図は，場所性が心理的に多重に構成されていることを示すものである。図のなかで矢印は，個人がこの多重化された場を移行する存在であることを表している。

2. 複合的関係性のなかで生成されるよそおい

　他者がそれ自体で存在することはありえない。他者は，状況や文脈によってそのあり方を変える存在である。他者のあり方と場所のあり方の両方が，当事者としての個人のふるまい（ここでは化粧）のコードを複合的に規定する。

　たとえば，私たちは同一トポス内に存在する他者との関係性において，よそおいを「合わせる」ように心がけ，その場所や共に存在する他者に馴染むように見せることを意識する。一方で，その場所における役割が明確に決まっている場合—学生は「学生らしさ」を，社会人は「社会人らしさ」を求められるような場合—に，場所外(トポス)の他者に対しては，ある場所の文脈における個人が期待される「役割」に沿うようによそおいを調整する。つまり，私たちは，「よそおう」結果として「見られる」のではなく，他者によって「見られる」ことを前提として「よそおう」のである。

　このように考えると，化粧行為とはまさに宛先や場所(トポス)との対話であると結論づけられる。通常，化粧をする際には，時間展望をある程度もちつつも，限定された範囲に適応するために化粧を施すと考えられるからである。

　すなわち，他者性のあり方を複合的関係性として捉えることが重要である。

複合的関係性は，自己と他者の関係性のなかで常に一定に保たれた状態にあるのではなく，社会・文化的文脈のなかで流動的に新たな形へと変容し続ける。次節では，複合的関係性としての他者が発達を通していかに変容していくかについて検討する。

第6節 多重の場所のなかで展開される化粧

本節では，4名の美容職従事者の化粧行為に関する語りを，場所と宛先の関連という観点から分析した。また，代表事例を語りとして取り上げながら，化粧のプロセスと宛先となる場所についてモデル化した。

そして，1）化粧行為のプロセスと宛先となる場所のあり方が個人にとっては他者との複合的な関係において多重に構成されていること，2）化粧行為の意味は経験に基づき組織化された場の文脈における個人のあり方とともに変容していくことを明らかにした。加えて，化粧行為の重要な役割は結果として表出される仕上がりというよりも，むしろ化粧によって個人のあり方に変容をもたらすことであるという示唆を得た。本章の結果は，化粧が日常生活のなかで多重性をもつ場所－場所間の心理・身体的移行を円滑に媒介し，スイッチングする手段であるという木戸（2010）の知見にもつながる。

以上の考察は，社会・文化的文脈のなかで当事者としての個人にとっての化粧行為という視点が重要であることを示唆している。従来の研究のように，化粧行為の宛先となる場所や他者を，そこにあるものとみなすだけでは十分ではない。日常生活における化粧行為を捉える際には，私たち自身の生きる社会・文化的な文脈に注目すべきである。それは，化粧行為を実践する個人は常に移りゆく日常を経験しているからである。これに関連して，社会学者であるシノット（Synnott, 1990）は化粧の効用として，①自己表現（self-expression）と②自己創造（self-creation）をあげている。前者の場合，「表現すべき自己は1つ」（real me）という立場であり，化粧はそうした自己を表現する手段とされている。これは，先行研究において多くの心理学者が取り扱ってきた研究の立場である。後者について，シノット（1990）は，演劇論を援用する形で，舞台（人生）で演じるべき役割が複数あるように，私たちの自己も複数であり，化粧は

それぞれの状況において，どの役割（自己）を演じるかを決める舞台衣装のようなものであると説明している。本書は，基本的にこちらの立場を採用している。さらに重要なのは，化粧によってもたらされるのは，演じるべき役割に自己を合わせることで自己の心理・身体的移行を可能にするという見解である。つまり，化粧行為の効用は，単に見た目を「変える」ことではなく，自己やパーソナリティのあり方自体が変わることにこそ求められるのではないだろうか。

本章で得られた知見は私たちにとっての「今，ここ」での化粧行為のあり方を考える際に重要である。次章では，宛先と場所（トポス）について生涯発達を見据えた検討をする。宛先と場所の問題に密接にかかわる理論として，また，ナラティヴ論と親和性の高い理論としては，ハーマンスとケンペン（Hermans & Kempen, 2006/1993）が提唱した対話的自己理論（the Dialogical Self Theory）がある。対話的自己理論において，個人は固定された統一的な思考過程をもつ存在ではない。個人は複数の自己のポジション（I-position）をもち，登場人物としての me それぞれについて，ストーリーを語る著者のように機能する。具体的には，"I as something" の表現形式において，職業やある特徴をもつ「私」を限定して表現するように自己が形成されていると考える（溝上, 2008）。つまり自己は，対話的自己理論における複数のポジションに分権化された存在として捉えられる。なお，対話的自己理論では，自己である I が複数のポジション間を移動しつつ，さまざまなポジションをとって各ポジションのもつ me を語りつないでいくことが想定されており，これは本書の視点に近い。対話的自己理論を援用することから，当事者としての個人の生の経験としての化粧の問題に迫り，いかに化粧行為が実践されているかについて考える。

注
2) 質的研究は，日常生活の中に深く入り込み，インタビューや観察などの方法を通して，研究協力者の「私的な世界」に関わることが多い。研究者と研究協力者は，時間的にも内容的にも密度の濃いやりとりをすることになる。研究の結果から得られた言語的プロトコルや観察データには，研究協力者の個人的な情報が多く含まれている。そうした情報の取り扱い方を一歩間違えると，研究協力者の権利を侵害してしまう危険性も生じかねない（都筑, 2004）。個人的な情報の保護に関しても，質的研究の発表に際して，個人的な情報が分からないようにするために匿名性への配慮がなされることが多い。個人情報および匿名性の配慮には，賛否を含め諸説あるが，本書では調査協力

者の名前をカナ表記による匿名に設定することとした。

第 5 章

研究 2
宛先の発達と変容

第5章では，日常的な（よそおいまでを含む）化粧行為がいかに語られるか，主体性をもつ当事者としての個人とよそおいのかかわりを明らかにする。本章では，前章の調査協力者1名と追加でインタビューへの協力を依頼した中年期の一般女性1名の語りを検討する。前章では，化粧行為の宛先を場所性と他者性に基づいて検討した。しかし，化粧行為の発達的変容，なかでも，化粧行為が個人のかかわる社会・文化的文脈の変容に伴い，どのように変容するかという問題まで明らかにすることができなかった。

 そのため，本章では日常生活における個人の役割とその変容に焦点化し，親密な関係にあるパートナー（恋人あるいは夫）とのかかわり方についての語りをもとに，対話的自己理論とナラティヴ分析を用いて分析を行う。最後に，化粧行為と発達的変容について考察する。

第1節　宛先と役割

1. 役割の見方

 前章で論じてきたように，日常生活のなかで人は複数の場を移行する存在である。場の移行は，必然的に役割の移行を要求し，個人は経験的観点から役割に応じて自分自身を半ば自動的に変容させる。場所から場所へ移行する際に，人は自己のあり方を修正し，その場所にふさわしい自己をよそおうように試みる。特に，調査や日常場面では「TPOに合わせて化粧をする」といった語りが女性から発せられる。TPOという表現は，特によく用いられる表現であり，それ自体がすでにマスター・ナラティヴとしての地位を確立していると考えられる。だが，実際に当事者としての個人に求められるのは，場合（occasion）ではなくむしろ社会・文化的文脈における役割（role）を先取りすることである。

 先行研究では，役割と個人の関係性を，性役割や職業役割のように一般的で固定的にとらえる傾向性があった。とりわけ，男性の性役割次元が「知性」や「行動力」であるのに対し，女性の性役割次元では男性に依存的で従順な「従順」役割と，可愛らしく容貌が美しいといった「美」役割が重んじられる（柏木，1974）。このようなとらえ方に対して馬場（1997）は，実際の女性たちの

認識として，①女性はこれらの役割を甘んじて受け入れているわけではなく，「従順」役割に対して葛藤をもっていること，②「美」役割を受容することにより，身体の非受容(低い満足度)が高まり，身体へのこだわりが同時に高まっていると主張している。同様に，比較文化心理学的観点の研究の文脈において，岩脇（1993）は性役割に期待される行動，属性，価値などが各文化によって社会的に規定されており，性役割固定観念は，社会的学習の結果であることを指摘している。先行研究における議論の流れから得られる示唆は，より動的でダイナミックな「役割」を捉えることが，現代における個人の理解の仕方のなかで重要かつ必要なことであるということである。

2. 発達的な役割の取得と変容

　発達をマクロ・レベルでとらえた場合には性役割や年代による役割など，文化・社会・歴史的に制度化された固定的な役割観が存在することは否定できない。研究の視点からとらえるときにも，対象者の属性を明らかにするために，対象者の役割を固定的なものと考え，役割のカテゴリーを基準にその差異を検討する方法をとることも多い。これは，研究の視点が一般化を目的とする場合に，カテゴライズしやすいマクロ・レベルの事象把握が利便性が高いためだと考えられる。より日常的で個別的な事象を含むミクロ・レベルの役割は，常に固定的なわけではなく，社会・文化的文脈との対話に基づきながら絶えず生成されつづけるものである。個人の発達も同様である。ミクロ・レベルの個人を扱う際には，日常生活の特定の場所，特定の文脈のなかで個人が実際に自分自身の役割をいかに捉えているか，また，それがどのように変容し得るかといった問題をボトムアップに考える必要がある。

　個人が特定の環境に直面し，そこで特定の行為により，自らを変容させていくという一連の流れについて，ヴァルシナ（Valsiner, 2007）は，そのメカニズムを次のように説明している。個人がある環境で行為をする際には，多様な社会組織や環境にある多くの記号を通して，明示的・暗示的方法な社会からの導きがある。つまり，主体として個人が環境に接するときには，個人は環境に対して行為し，また，そこに行為の役割を導く誰か（もしくは何か）が存在する。そして，このようにして社会から導かれた行為を自らが実行した結果と

して，個人の変容が起こるのである。役割を生活レベルの観点から捉えること，そして時間軸を広げ，長期のスパンでの発達的変容について考察をすることで，役割の変容やそれに付随する対人関係の変容の検討につながると期待される。

　社会・文化的文脈における他者との関係性とその場での個人の役割によっても化粧行為の意味は規定される。また，個人と宛先との関係性は自己と他者・場所の相対的な位置づけによって決定される。このような相対的な関係性によって決定される個人の役割を明らかにするために，本章では，対話的自己理論（Hermans & Kempen, 1993；溝上他訳, 2006）のポジショニング概念を援用し，考察を深める。対話的自己では，固定的な自己ではなく，文脈によって変わる自己を重視する。対話的自己理論における自己は"I as something"（何かとしての私）の形式をとりつつ，自己である"I"が複数のポジションを移動し，各ポジションにおける"me"を語りつないでいく存在として位置づけられる。

　従来的な固定的な役割のとらえ方から状況に応じて変容する役割のとらえ方へと移行させることで，行為を場所と時間的経緯の中に位置づけ，生涯発達の視点から研究することが可能になる。ここから，個人が多様な役割に基づきよそおい，行為しているその様相を記述したい。

第2節　目　　的

　私たちは，さまざまな社会・文化的文脈に身をおきながら日常生活を繰り広げる存在である。日常のなかで行為する個人にとって特定の宛先は，個人のあり方を決定づけ，個人の認識と行為に何らかの影響をもたらす。

　たとえば，家に居るときの自分自身のモードと外出するときのモードは異なる。こうしたモードの切り替えは，個人が過去経験における日常的な文脈のなかで，宛先との対話を通して，ある社会・文化的文脈に固有の様式として形成され，ルーティン化・習慣化されたモード（様式）に従って生活をしているために生じる。さらにいえば，日常的な文脈において，個人は複数の場に身を置きながら生活を営んでいる。個人はそれぞれの場所でほぼ自動的にモードを使い分けている。

化粧をはじめとする日常のルーティンに組み込まれた行為（たとえば，食事や自転車のように，経験的に慣れ親しんでいるもの）は，それ自体が習慣としてごく当たり前に実践されているため，意識化されることが難しい。しかし，化粧をはじめとするよそおいにかかわる行為は，結果として個人が意識しない場合にもその人のあり方を他者に対して指し示す役割をもつ。たとえ，化粧を施す本人（つまり，見られる側）が単に外見を変容させるだけの道具としてそれを用いているとしても，他者（つまり，見る側）は，化粧を視覚的に認識しそこから意味を読みとる。第4章で述べた通り，他者からの反応が個人にフィードバックされるということをふまえると，その行為自体が，単に外見を変容させるだけでなく自己の内面，つまり心理面にも変容をもたらすものとして機能すると考えられるし，それによって，社会的役割を変化させるという円環的な構造を想定することができる。

本章では，よそおいと個人の日常の生活文脈における役割の連関を明らかにすることを目的とする。特に次の2点に関心を向ける。第1に，パーソナルで持続的な対人関係を論じるために，パートナーとの関係性と化粧行為のかかわりを明らかにする。また第4章では発達的変容については分析の対象としなかった。そこで本章では，第2に，時間的経緯に伴う変容という発達的な視点を取り入れたい。なぜなら，対人関係は場所のみではなく，時間的経緯においても変容するものだからである。以上の2つの観点から，パートナーとの関係性が青年期未婚女性とパートナーのように短い場合と，中年期既婚女性とパートナーのように長い場合の化粧行為のあり方の違いについて比較検討をする。

第3節 方 法

1. 調査協力者

調査にあたり，2名の調査協力者を選定した。1人は前章の調査協力者の青年期未婚女性のマオさん（調査時点で20代前半）である。マオさんを調査協力者として選定した理由は，インタビューのなかで最もパートナーとの関係性について語ってくれていたためである。パートナーとの関係性を発達的にとらえるために，本章では新たに，中年期既婚女性のミワさん（調査時点で40代

後半）に調査協力を依頼し，インタビュー調査手法を用いた研究を行った。

2. データの収集

　マオさんの調査データは前章と同じである。筆者が前章で述べたとおり，半構造化インタビューを実施した。新たな調査協力者のミワさんにも前章の調査手続きと同様にフェイスシートへの回答を求めることからインタビューを開始した。フェイスシートは，インタビューを円滑に進めるために使用し，また，分析にあたり補助資料として使用した。インタビューは個別に2度，指定された場所に調査者が出向き実施した。半構造化インタビュー法を用いて，調査協力者の自発的な発話の程度に応じた聴き取りを行った。インタビュー内容は事前に許可を得たうえで，ICレコーダーに録音した。録音した内容は，トランスクリプト化し，分析の一次資料とした。そして，調査者自身がメモをとった記録を補助記録としてトランスクリプト化および分析の際に使用した。各々のインタビューの1回当たりの所要時間は120分程度であった。

　インタビューは，両調査協力者に対して個別に2回行った。1回目のインタビューはインタビュー・ガイドの質問項目の流れに沿ったが，2回目では主に，1回目に語っていただいたことについて掘り下げて質問するよう試みた。2回目の面接で新たに内容が語られた場合にはその詳細を注意深く聴き取った。なお，面接にあたっては，語りたくないことについては答えなくてよいこと，プライバシーを遵守したうえでインタビューの内容を学術論文などとして公刊することを調査協力者に説明した。

3. 質問項目

　事前に設定した質問項目は以下の通りであった。
　①化粧を開始したきっかけとご自身と化粧のかかわりについて（ライフ・ストーリーとともに語っていただく）
　②化粧をする・しない場面（化粧をする場合・しない場合・迷う場合の具体的状況とその理由）
　③場所による化粧の違い（頻度・度合・気をつけていることなど）
　④何を化粧をする際に参考にしているか

4. 分　　析

　分析は，以下のように実施した。質問項目②③の化粧に関する語りから化粧と宛先の場所に関する語りデータを抽出し，化粧の使い分け方を基準として宛先となる場所を振り分けた。そして，宛先の場所による化粧のプロセスの相違を多重場所モデル（やまだ・山田，2006）のなかに配置した（分析1）。そのうえで，各々の場における自己のあり方を「～としての自己」という形式に変換し再配置した（分析2）。

　なお，本章ではモデルのなかで宛先となる場所を，第4章の結果を反映させて次のように設定している。1)「親密（intimate）」な場所，2)「近所（neighbor）」の場所，3)「他所（strange）」の場所である。なお，ここでは場所をトポス（topos）という意味で扱うが，場所とは，トピカル（局所・時局的）で，ローカルな（一定の位置を占める），意味ある場所（やまだ・山田，2007）をさす。なお，多重場所モデル（やまだ・山田，2006）は，近年では「人生の年輪モデル」としてその名称が変更されている。人生の年輪モデルは，時間軸を含む重層化した複数の場所を人生の年輪の形で示したものである。やまだ・山田（2009）では，年輪を，入れ子が重層的に重なった環状構造をもつが，それぞれの人が幾層にもつつまれた場所のなかにいること，それぞれの人の居場所が異なっていること，それぞれの場所が人生時間によって形づくられていることを示す概念として用いている。

　やまだ・山田（2009）が述べている通り場所（トポス）の認識や，それに伴う化粧の使い分けは，個人の体験から組織化され実践されており，なおかつ社会・文化的文脈の影響を受けることから，個人によってそれぞれ異なる。本章の研究目的は，大きくは個別具体的なモデルを作成することにある。そのため，モデル化する際の具体的な場所については，協力者の語りからそのまま抜粋した。

第4節　結　　果

　半構造化インタビューの結果をもとに多重場所モデルを用いて分析を実施した。結果として，以下に4つのモデルを提示する。図5-1と5-2はマオさんの

データであり，図5-3と5-4はミワさんのデータである。

1. マオさんの多重場所モデル

初めに，マオさんのインタビュー調査からモデル化した2種類の多重場所モデルを提示する。

図5-1は分析1として，語りに出てきた日常における生活の場を，宛先の場所(トポス)による化粧のプロセスの相違として多重場所モデルに反映させたものである。図5-2は各々の場における自己のあり方を「〜としての自己」という形式に変換し，筆者が再配置したものである。

マオさんは，就業時には年齢よりも年上に見られるように心がけてよそおうよう心がけていた。これに対して，パートナーといる場合は，ナチュラルで可愛い印象のよそおいを心がけていると語っていた。また，恋人と同席する場に応じても，よそおいを調節していた。同席する場に応じてよそおいを調整しており，それと同時に自己のあり方も変わっていた。具体的な語りは，次の表5-1に示す。

親密な関係性となるパートナーに向けたよそおいを語る中で，マオさんは自

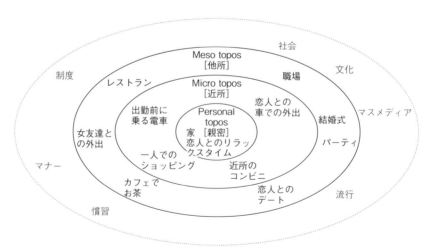

図5-1 マオさんの多重場所モデルⅠ
多重場所モデルにインタビューで語られた場所をプロットした図。

第 4 節 結　果

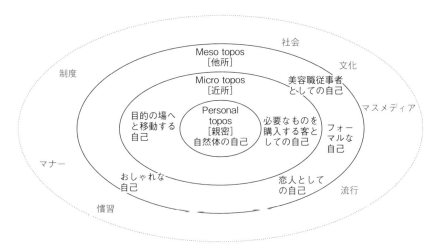

図 5-2　マオさんの多重場所モデル II
図 5-1 でプロットした場所を対話的自己理論に基づき，
「～としての自己」という形式へ変換した図。

表 5-1　マオさんのパートナーについての語り

＜マオさん自身の好きなメイクっていうのはどんなメイクなの？＞ どれも，どっちも好きです。基本はそっち（仕事）の大人っぽい側をすることが多いですね。今でも。 （中略） ＜たとえば，デートするときとかでも，あまりその，可愛らしい感じのメイクはしないの？＞ しますよ。相手の好みなので。 ＜彼氏は，かわいらしいメイクの方が好きなの？＞ 可愛らしいほうが好きです。可愛いっていうか，ナチュラルな方が好きですね。 ＜仕事の時とは変わる？＞ 省くだけですね。アイシャドウ塗らなかったりとか，マスカラとチークだけだったりとか。 ＜それも，彼の好みっていうのも聞いた？＞ 行く場所にも，一緒にレストランに食べに行くとなったら，ハイライトとか入れたりとか，ちょっとマスカラ重ねてつけてみたりとかはしますけど，車で近くに遊びに行くとかだったら，もうそれぐらいで，ナチュラルな感じで。

室で過ごす場合には，「恋人がいても化粧はしない」と語っていた。そして，車で近くに遊びに行く場合にはナチュラルな化粧，レストランに行く場合には通常行う化粧にハイライト[3]やマスカラを重ねづけするなど，プラス α の化粧をしていた。

マオさんは，よそおう行為の宛先が「恋人」ではなく，「恋人と共に過ごす場所」に向けられていると語っていた。これは，「親密で閉じられた場に居る恋人」と「近所に居る恋人」と「公的な場に居る恋人」に対するよそおいがマオさんの中で分化していることを意味する語りとしてとらえられた[4]。
　分析的にとらえると，パーソナル・トポスに位置づけられている家や恋人とのリラックスタイムには，マオさんはノーメイクで「自然体の自己」としてふるまうという解釈ができる。ミクロ・トポスとして語られていた，車での外出時には，ナチュラルメイクを施し，「必要なものを購入する自己」としてふるまう。そして，マクロ・トポスとしてのレストランでの食事・デートでは，通常行う化粧にプラスして，ハイライトやマスカラの重ねづけをするよそいきのメイクをして，「フォーマルな自己」「恋人としての自己」としてふるまっていた。
　マオさんのデータの分析から得られた示唆は，これまでに筆者が主張してきたように，よそおう行為はよそおうことにより心理変容が起きるという単純な因果関係としてとらえられるものではない。むしろ，日常生活の文脈におけるよそおいが「場所－場所」間の心理・身体的移行を円滑に媒介し，スイッチングする手段として機能するものだという示唆である。

2. ミワさんの多重場所モデル

　次にミワさんの多重場所モデルを提示する（図5-3, 5-4）。モデル提示の順番は，マオさんと同様である。
　ミワさんのよそおいにまつわる語りのポイントは以下に集約される。年齢を重ねることで，化粧に対する関心がメイクアップからスキンケアへと移行していったこと，特に，化粧の目的が肌のケアと現在の年齢におけるベストな自己を目指すこと（とりわけ，健康的な自己の維持）に移っていると語られていた。
　特にパートナーの存在は自己の一部としての内化した存在として強調されて語られていた。具体的なパートナーとの関係性における自己について，パーソナル・トポスである家での自己は「自然体の自己」として語られて，またミクロ・トポスでの自己は，「妻としての自己」「客としての自己」と語られていた。そしてマクロ・トポスでの自己は，「嫁としての自己」「妻としての自己」とし

第4節　結　果　93

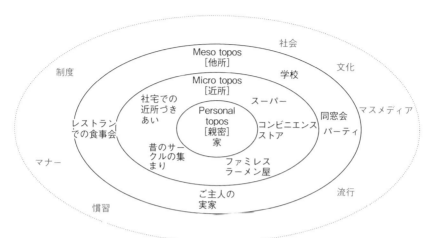

図5-3　ミワさんの多重場所モデルI
多重場所モデルにインタビューで語られた場所をプロットした図。

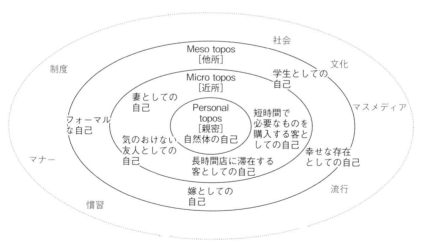

図5-4　ミワさんの多重場所モデルII
図5-3でプロットした場所を対話的自己理論に基づき，
「〜としての自己」という形式へ変換した図。

て語られていた。

　ミワさんの語りの特徴は，関係性のレベルにより変容するよそおいが強調される点にあった。たとえば，大学時代のクラスの同級生との同窓会は，幸せな存在としてのベストな自己をみせる場として機能しており，大学時代のサークルの仲間との同窓会は，素の自分をさらけ出せる，かっこつけなくてもよい場として機能していると，ミワさんは語っていた。このように同じ「同窓会」でも，関係性のレベルに応じて場の立ち現れ方が変容する。

第5節　宛先の変容とスイッチング

1. よそおいのスイッチング機能

　本章の結果と第4章の結果をあわせると，当事者としての個人にとってよそおいは，開始したその時点から，未来のある宛先へと自己を移行させるための媒介となっていることが分かる。これは，化粧が心理的な移行の手段として使用できる可能性があることを示唆する結果である。

　よそおいは，それを実行することにより心理変容が起きるという単純な因果関係としてとらえられるものではない。むしろ，日常生活の文脈において行われるよそおう行為は，「場所－場所」間の心理・身体的移行を円滑に媒介し，スイッチングする手段として機能すると考えることが妥当である。

　よそおう際に，個人はそのポジションにおいて期待される相対的な位置づけに向けてよそおうのであり，他者が目にするのは，ある文脈にふさわしく見られることを前提にしてよそおった個人である。このような前提に立つと，よそおおうとするその瞬間に個人にとっての宛先はすでに決定し，そこから対話的によそおいが始まる。化粧心理学は，これまで，よそおうことによって心理変容が起こると考えられてきた。しかし，実際にはよそおうその瞬間に，個人の時間的展望が立ち現れ，未来の行為に対する見通しをある程度立てることになる。そして，その限定された範囲を射程として，次の場所にふさわしい自己へと向かいはじめるのである。

　したがって，化粧を開始した時点で，すでに個人の心理的な移行は始まっているのである。さらに言えば，化粧行為自体は私的な行為であるにもかかわら

ず，化粧をした結果（としての表出）とは公的な行為と他者からは認識される。とりわけ，メイクアップのような他者や場所のような対象を志向して行われる化粧は，「見る-見られる」関係のなかで，自己を時空を超えて「見られる」ポジションへと移行させる心理的なスイッチングのための媒介として考えることができる。

　宛先について，筆者は当初個人と他者の相互作用を中心に据えた「個人モデル」を想定していた。より具体的には，人が対峙する『他者』には，「具体的他者」（個別具体的な存在である，「特定の他者」）と個人が属する文化内で匿名化された他者（歴史的に構築された自己内にある「自分自身を見ている仮定された他者」）である「仮定的他者」の，2つのレベルの他者が存在すると考えていた。この時点では，「具体的他者」は個別具体的な存在であると同時に，固定された役割をもつことを前提としていた。一方で，「仮定的他者」について，「職場や学校にいる人たち」や「レストランに食事に行ったときにいる人たち」のような，ある状況における他者を想定していた。しかし，日常生活における私たちの実際の自己のポジショニングについて考えると，人は多重の場所に生活する行為主体である。私たちが定常的に同じ時空に存在することは不可能である。通常，1人の人間はいくつかの場所を往還しながら生活していると考えることが妥当だろう。これをふまえると宛先として「個人モデル」を想定するのでは十分ではなく，場所を含めてこのモデルを前提とする必要がある。「場所モデル」を込みで考えることにより，生活の場の文脈を含めて宛先を捉えることが可能になる。

2. 日常における生活の場の文脈

　生活の場の文脈の変容を捉えるために，これまでに呈示した場所モデルを時間的な経過とあわせて聞いてみた。日常における生活の場の往還は，私たち1人1人の生活のスタイルによって異なるが，ここではごく単純にモデル化し，仮定的に考えた（図5-5）。

　図5-5は，心理社会的距離を基準とした場所の多重構造をレイヤー（階層）モデル[5]に変換したものである。これまでに，本章で示して来た図が構造としての多重場所モデルとして位置づけられるのに対し，図5-5は時間的経緯に開

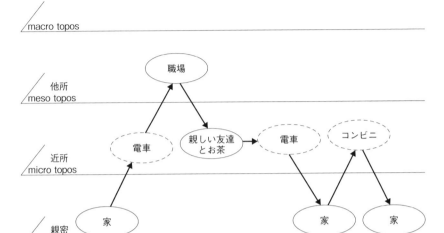

図 5-5 場所移行の例（レイヤーモデル）
多重場所モデルの各層を垂直に配置し直し，仮想的な場所移行をモデル化した図。

かれたモデルである．そのため，個人がたどる軌跡を過程として追うことが可能という点に特徴がある．

　パーソナル・トポスである家からメソ・トポスである職場に出向く際に，職場にふさわしいと考えられるよそおいを実践する（この場合に，電車は中継地点として位置づけられる）．そして，仕事後には，化粧直しを行うことによって，よそおいのコードを調整し，ミクロ・トポスである親しい友人と喫茶店にお茶をしに行く，そして，再び電車でパーソナル・トポスである家に帰りコンビニに行き，家に帰るという一連の場所移行を把握することが可能である．

　ここで，行為者は家にいるとき，職場にいるとき，親しい友人といるときなど，それぞれ別の文脈に身を置いている．また，家－電車－職場という移行の一連の流れのなかで，電車は中継点であり，家－職場が宛先となる．電車は移動の一手段として定義づけることができる．しかし，電車内での時空の過ごし方については，その一般的な定義は必ずしも明確ではない．そのため，行為者の化粧の宛先は，電車という時空を越えて職場に向かい，家を出るときに施す化粧は職場向けの化粧となるのである．

　なお，社会・文化的文脈に位置づけた場合に，それぞれの場所[トポス]は行為者に特

定の役割をもたせる。個人は全ての文脈において各々のポジションに合わせた，よそおいを実践していると考えられる。

3. 内部／外部ポジションによって変わる宛先との対話

次に，パートナーとの関係性の変容に関して述べる。本来ならば，同一個人に継続的に調査をした結果を通した考察をすべきだろう。だが，今回のマオさんとミワさんのデータから，幸いにも，化粧行為にとって内部／外部ポジションによって変わる宛先との対話性と発達によるよそおいの役割の変容があることが十分に示せていると思われる。

なお，内部／外部ポジションという用語もまた，対話的自己理論の概念の1つである。溝上（2008）によれば，ポジション（position）は，あるモノ（他にも事象，人など）の他のモノに対する相対的位置の意味であるため，ポジションはそれ自体では決めることができず，他との相対的関係においてしか決められないとされている。対話的自己理論では，自己は固定された統一的な思考過程をもつ存在ではなく，分権化された存在としてとらえられている。そのなかで，内部ポジションとは，その対象の声を想像上のポジションに想定できるポジションであり，物語の形を帯び，それぞれの声が自身の物語となり，内部の声の複数性となる（Hermans & Kempen, 1993；溝上他訳, 2006）ものをさす。一方，外部ポジションにある場合には，十分にその声が内在化されていない。そのため，外部ポジションにある他者との関係性のなかでは，よそおいは固定的かつ定形的なよそおいとなる。これが，いわゆる「TPOとしての化粧」なのではないだろうか。宛先が外部ポジションにある場合には，宛先となる「場所」にいる匿名の他者に宛てて化粧行為が施されることになる。

匿名の他者に宛てて施される行為は，自動化された行為となっており，もはや当事者としての個人にとっては特定の意味や語りをもたない自明の行為となっている場合が多い。この場合，よそおいは誰かに宛ててなされるのではなく，その場の立ち現われ方によって規定される。内部ポジションにある他者との関係性のなかでは，よそおいは場の文脈によって規定される。その宛先は，特定の場所・他者に宛てられている。他者に向けられているようで向けられていない宛先性が特に親密な他者との間には生じやすい。本章の結果からは，「親

密で閉じられた場にいる恋人」と「近所にいる恋人」と「公的な場にいる恋人」に対して，よそおう行為が分化しているという示唆を得た．とりわけ，今回の調査に協力してくれた調査協力者の親密な他者との間では，インタビューの時点ですでにパートナーとの関係性が十分に構築されている段階にあった．親密な関係性を築く初期段階では，当然ながら，相手の他者性はより強く，よそおう行為の宛先は多くの場合，個別具体的な他者としての外部ポジションとして立ち現われることが予測できる．

第6節　化粧の意味の発達

　発達によって化粧行為の意味が変容するという事実については，これまでに化粧心理学の議論として言及されることもあった．

　たとえば，青年期には，自己をより魅力的なものとして見せ，積極的な自己肯定感を高めるために化粧がなされる．中年期には，安心感を得るための習慣としての化粧がなされる（宇山・鈴木・互, 1990）といった研究である．また，阿部（2002）は，「化粧の開始理由や頻繁に使用する化粧品目には世代差がある．これは単純な加齢変化，あるいは社会状況の変化の反映なのか，今のところ明らかではない．ただし，化粧がその属する文化に規定された行為であるという歴史的考察をふまえると，加齢変化に社会状況の変化が重層して得られた結果であると考えられる」と述べている．発達的研究に関しては，青年期・中年期ともに上記の背景として何が存在するか——つまり，媒介となる行為の「意味」を探る研究が未だになされていない状態であった．

　これら2点についての考察を深めることで，化粧をはじめとするよそおいの現象理解を深めることにつながると期待できる．化粧行為の意味の変容と具体的な内容に関しては，図5-6に提示した．ミワさんは，自らの化粧行為の意味の変容について「獲得する自己」から「まもる自己」へと移行したと語っていた．「獲得する自己」の時点では，ファッションやメイクアップのような外面的なよそおいが重視され，化粧行為の他者に対する側面が強調されていた．一方，現在の視点としての「まもる自己」の語りのなかでは，健康であること，スキンケアによってシミのない肌を目指すなど，自己の身体により意識が向け

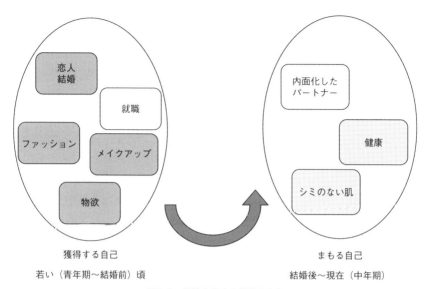

図 5-6　化粧の意味の発達的変容

られていた。

　先述したように，今回の調査の事例のみから，化粧行為に発達的な変容が生じると結論づけることは難しい。しかし，化粧行為の変容には，社会・文化的文脈の変容とそれによって生じる自己のポジショニングの変容がかかわっている可能性があるという示唆をすることはできるだろう。発達的変容に伴い，自分自身を表現する仕方が同時に変容し，化粧行為に反映しているものと考えられる。化粧行為を発達的に捉える場合には，いかなる文脈に基づいてその行為が発生したか，そしてどのように変容したかをとらえていく必要がある。

　そのため，続く第 6 章では，日本文化の社会・文化的文脈のなかで化粧行為がいかに発生するかを検討し，さらに，第 7 章では米国の大学へ留学することをさっかけとする大きな社会・文化的文脈の変更を迫られた場合に，いかに行為が変容するかを社会・文化的文脈と個人の関係のダイナミズムと化粧行為自体の意味の変容から読み解きたい。

注

3) ハイライトとは，顔の立体感を演出するために用いるメイクアップのための化粧品のことである。顔のなかで高く見せたい部分や，明るく見せたい部分に，明るい色のパウダーを塗布するのが通例である。
4) このような語りがマオさんの事例において展開された理由として，インタビューの時点ですでに恋人との関係性が十分に構築されている段階にあったことも一因であると考えられる。親密な関係性を築く初期段階では，当然ながら相手の他者性が強く，よそおう行為の宛先は多くの場合，個別具体的な他者となる。親密な関係性の構築は，よそおう行為の宛先のあり方の問題にとって意義深い議論をもたらすだろう。だが，具体的考察については後の研究に委ねたい。
5) この区分は，やまだ・山田（2006）の「ライフストーリーの樹」モデルに準拠している。社会・文化的関係性の近さを基準とし，個人的な場所（Personal topos）から，より社会・文化的広がりもつ場所（Meso topos）へのグラデーションとして理解されたい。

第 6 章

研究 3
化粧行為の形成過程

第6章と第7章では，化粧行為を個人の発達と個人が生きる社会・文化的文脈との相互作用によって構成される行為として捉え，その行為の形成・維持・変容のダイナミクスについて検討する。第6章では，複線径路・等至性モデルを理論的枠組みとして採用し，自文化内における化粧行為の形成・維持過程の検討をする。

第4, 5章では，宛先に応じて化粧行為どのように使い分けられているかを検討した。それに対して，本章では，化粧行為がいかにして形成されているのかを，調査協力者の語りから捉えることを目的とする。その際には，発達的経緯と社会・文化的文脈の力のせめぎ合いについて検討する。これにより，人が「化粧で語る」行為に巻き込まれていく過程を分析する。ここから，自らが化粧行為を読み解き，実行する行為として化粧を取り込む過程を明らかにする。

第1節 化粧行為の形成と発達

文化は，社会・文化的に構成されており，多様だがある程度の制約をもつさまざまな可能性のなかで，個人が選択的に取り入れて形成するものである。属する文化内での習慣的な行為を多くの場合に，意識せずとも取り入れ，実践していることもある。

本章では，日本という社会・文化的文脈のなかで化粧行為がいかに形成されるかという問題を，個人の発達における行為の選択と社会・文化的文脈の影響という観点に基づいて，そのダイナミクスをとらえる。そのための分析枠組みとして，本章ではValsiner & Sato（2006）による複線径路・等至性モデル（= Trajectory and Equifinality Model: TEM）を採用する。複線径路・等至性モデルは，歴史的構造化サンプリング（Historically Structured Sampling: HSS）の考え方に基づく。歴史的構造化サンプリングとは，人を文化・社会のような外的要因と不断に相互作用する開放システムとしてみなしたうえで，等至点[6]となる事象を研究対象として抽出するための，文化心理学の新しいサンプリング法[7]（サトウ・安田・木戸・高田・ヴァルシナー，2006）であり，理論的側面から複線径路・等至性モデルと歴史的構造化サンプリングの概念は不可分である。つまり，複線径路・等至性モデルとは人間発達における時間的変化と文

化・社会というシステムとの関係性のなかで，人の行為の遂行や選択ならびにその結果として起きる発達的現象について，その時間的経緯や社会・文化的背景の多様性を記述する分析枠組みである (Valsiner & Sato, 2006 ; Sato, Yasuda, Kido, Arakawa, Mizoguchi, & Valsiner, 2007 など)。

なお，本章では方法論的な試みとして，人の選択を制約し方向づける力である社会的方向づけ[8] (Social Direction = SD ; Valsiner, 2001) をモデルに反映させる。ここでは主として社会的方向づけの分析について記述することで，個人の選択と社会的な制約や促進のダイナミズムをとらえたい。

第2節 目 的

本章では，日本の大学に通う女子学生を対象に，日常的な化粧行為がいかに形成され実践されているかを，社会・文化的文脈を含めた過程として半構造化インタビューによる調査からボトムアップにモデル化することを目的とする。

第3節 方 法

1. 調査協力者

歴史的構造化サンプリングの理論に基づき，個人の経験を軸に調査協力者を選定した。本章におけるサンプリングのポイントは，日本において化粧行為をする／しないという選択をした女子学生とした。具体的には，日本にある私立A大学に在籍する女子学生5名 (18から21歳まで) を対象とした[9]。調査協力者はスノーボール・メソッドの手続きにより募った。表6-1に調査協力者一覧を示す。

表6-1 調査協力者一覧

調査協力者	年齢
マキ	18
ユイコ	18
ハルナ	19
ユミ	19
エミ	21

協力を許可していただけた方に，個別に連絡をとり，インタビュー調査の開始前に細かな趣旨説明をした。そして，調査に際して，これら5名の調査協力者に対して，個別の半構造化インタビューを実施した。なお，プライバシー保護の観点から名前は仮名を用い全て匿名化している。

2. データの収集

事前に，調査協力者にフェイスシートへの回答を依頼した。このフェイスシートは筆者が予備調査に基づいて作成し，インタビューを円滑に進めるための補助資料として使用した。

インタビューは，筆者が実施した。自発的な語りを重視したので，順序性・形式ともに調査協力者との対話に応じて変更を加えながら，インタビューを進めることとした。

面接は話し手に語ることがなくなったと思われた時点で終了した。一度につき45分から120分（平均78分（$SD = \pm18$）），個別に1度，筆者が調査協力者に指定された場所に出向き実施した。インタビュー内容は，事前に許可を得て，ICレコーダーに録音した。調査者自身がインタビュー中にノートに記録したメモは，補助記録としてトランスクリプト化および分析の際に使用した。なお，フェイスシートへの回答・インタビュー共に，語りたくないことや回答したくないことに関しては答えなくてよいことと，プライバシーに十分な配慮をしたうえでインタビューの記録を学術論文等として公刊することを十分に調査協力者に説明し，承諾を得た。録音したインタビューはトランスクリプトに起こしてテクスト化した。これを一次資料とし，カード化した。分析には，カード化したデータを用いた。

3. 分　　析

分析は，複線径路・等至性モデルの枠組みに基づいて行った。以下に，具体的な分析手続きについて記述する。

はじめに，インタビューから得られた各々のナラティヴ・データを，意味のまとまりごとに断片化してカード化した。次に，カード化したデータを用いて調査協力者によって語られた内容を出来事が生起した時系列に沿って並べ，整

理した。語られた内容からカード毎に抽出した経験については，その経験を端的に表現する言葉を，各経験を表す見出しとして付与した。等至点は，化粧行為が「日常化する／しない」という選択が恒常的に決定された時点とし，化粧行為を認識した時点から現在の選択に至るまでの径路をモデルとして描き出した。なお，モデルのなかで，実線は実際に調査協力者が実際にたどった径路を示しており，破線は今回の調査協力者は通らなかったけれども理論的には通ることが可能と予測される径路を示している。

第4節 結　果

1. インタビュー質問項目

　木戸・サトウ（2004）の調査結果などを参考に多くの者が共通して経験すると想定される項目を，質問項目として設定した。質問項目は下記の7つの項目であったが，調査協力者とのインタビューのなかで必要に応じて質問を追加した。

1) 身近な他者は，どのような化粧をしていたか
2) 身近な他者は，化粧に対してどのような態度をとっていたか
3) 身近な他者の化粧にあこがれたか
4) はじめて化粧をされたのはいつ，どのような場面においてか
5) はじめて自分で化粧をしたのはいつか
6) 化粧が日常的行為となったのはいつか
7) 自身にとって化粧はどういうものであるか

2. 結　果

　調査協力者5名のサンプリングに際して，日常的に化粧行為をする者は4名，日常的に化粧行為をしない者は1名であった。化粧行為の選択に際して多くの人が共通して経験するプロセスである必須通過点（Obligatory Passage Points＝OPP）は，1) 受身的化粧と，2) 自発的化粧であった。OPP2の自発的化粧は，2期に分けられた。第1期は，部分的化粧期であり，第2期は，本格的化

106　第6章　研究3　化粧行為の形成過程

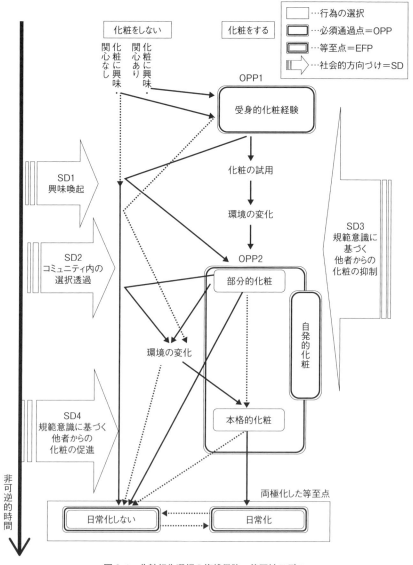

図 6-1　化粧行為選択の複線径路・等至性モデル

図の左端に書かれてある実線の矢印は，過去から調査時に至るまでの時間の流れを示すものである。モデル内の実線の矢印は実際に語られた径路を示し，破線の矢印は想定できる径路を示す。

第4節 結　果

表6-2　調査協力者の化粧行為選択の概要

	マキ	ユイコ	ハルナ	ユミ	エミ
受身的化粧	7歳	3歳	小学校2年生か4年生くらい	5歳	20歳
	七五三	写真館の写真撮影	バレエの発表会	七五三	成人式の写真撮影
化粧を認識	七五三以降			七五三以降	無回答
	おばさんのする行為として否定的に認識	無回答	無回答	母親が化粧をしているのを見て肯定的に認識	母親のしている化粧を見て
化粧の試用			小学校高学年	小学校3年生	
	無し	無し	子ども用のネイルやパウダー	母親の化粧を持ち出して遊ぶ	無し
化粧品をもち始める	中学1年生	高校1年生	小学校高学年	小学生のころ	
	部分的化粧開始と同時期	部分的化粧開始と同時期	子ども用のネイルを母親に買ってもらう	ネイルを母親に買ってもらう	無し
自発的化粧（部分的化粧）	中学1年生	高校1年生	中学1年生	中学1年生	
	ニキビとか出てきたため，赤みを隠すためにファンデーションを使いはじめる	高校で化粧をしている人がいたので影響を受け眉毛の手入れとマスカラを開始	肌のテカリを抑えるパウダーとビューラーを使いはじめる	通学するときに眉毛を描く	無し
本格的化粧	中学1年生	高校3年生3月（大学入学前）	中学3年生	高校1年生の夏	
	ファンデーションを最初にしたため，全体的なバランスをとるため，フルメイクを開始	母親とともに百貨店の化粧品カウンターにて化粧品を購入	塾に通いはじめたため	学校にフルメイクで登校しはじめる	無し
現在	日常的に化粧をする	日常的に化粧をする	日常的に化粧をする	日常的に化粧をする	化粧をしない

粧期である。この過程には，4つの社会的方向づけ（SD）がみとめられた。これらをそれぞれ，SD1「興味喚起」，SD2「コミュニティ内の選択透過」，SD3「規範意識に基づく他者からの化粧の抑制」，SD4「規範意識に基づく他者からの化粧の促進」とした。とりわけ，化粧を促進する社会的方向づけは強く，個々人の経験は共通したパターンをもっていたため複線径路・等至性モデルのなかに反映させた（図6-1）。以下では，作成したモデルの必須通過点とそこに影響を与える社会的方向づけについて時系列に沿いながら考察を試みたい。

　なお，個人のたどった径路は調査全体の図からは見えにくい。そのため，図

6-1調査協力者の化粧行為選択の概要をまとめ，表として提示した（表6-2）。なお，より詳しくは巻末資料として個々人のモデルを添付してある（資料2-3）。

第5節　化粧行為形成に至る各フェーズ

1．自発的化粧の開始

　自発的化粧は，（基本的に）本人の自発的な選択によって開始される化粧行為をさす。自発的に化粧を選択しなかった者は，本調査の調査協力者のなかでは1名のみであった。そのため，化粧をしない協力者の径路は単一な径路として「日常化しない」に向かう実線の矢印で提示している。化粧をしない選択にも，多様な径路が存在すると考えられるが，それは今後の検討課題としたい。

　自発的化粧の始まる時点は，中学入学時期である12歳と，高校入学時期である15歳に集中していた。他方，木戸・サトウ（2004）の研究では，化粧開始は15歳と17歳に集中していた。これらの時期にはずれがあるものの，いずれも，進学や就職などの時期に重なる。

　さらに，自発的化粧は段階的である場合もある。段階的な化粧の開始は，1）眉毛を整えて描く，リップクリームを使用する，肌の荒れを隠すためにファンデーションを塗りはじめるなど，顔の特定のパーツのみに限定して部分的に化粧（以下，部分的化粧とする）が始まる時期と，2）顔全体に化粧を施す，本格的な化粧（以下，本格的化粧とする）が始まる時期の大きく2つに分けられた。以下にそれぞれの時期の特徴を記述したい。

　「部分的化粧」　　学校制度や親のもつ化粧観などといった制度的制約のなかで，周囲から気づかれない程度で顔の一部分に化粧を施す行為を本書では部分的化粧と呼ぶ。調査協力者が部分的化粧をはじめていた理由は，大きく2つに分けられた。それぞれ欠点克服型とポイントメイク型である。化粧の働きは，基本的に「隠す」と「見せる」という2つの要素から成り立つ（大坊，2001）。欠点克服型は，自己の欠点やコンプレックスに感じている顔の部位をカモフラージュする「隠す」化粧となる。一方，ポイントメイク型は「見せる」化粧であり積極的な自己表現として機能する。ここで，それぞれのタイプについて特徴と，代表的な調査協力者1名ずつの事例を提示する。

欠点克服型　欠点克服型化粧の代表的な事例としてマキの事例を紹介したい。マキは，中学に入学してすぐ，第二次性徴に伴うニキビに悩まされた調査協力者である。マキは，母親から化粧品を買うお金をもらい，近所のドラッグストアで一通りの化粧品を買い揃えた。ニキビを隠すことを目的としてファンデーションを使用しはじめたが，化粧を特に禁止されない学校であったことと，特に母親から化粧を禁止されることもなく，すぐに本格的化粧を開始した。

ポイントメイク型　化粧をはじめる時期には，自己と他者の比較や情報交換が頻繁に行われる。特に近年では，その特徴として目元を強調してみせる化粧方法が好んで用いられている。ポイントメイク型の化粧の代表的な事例として，ユミの事例をあげる。

ユミは，アイブロウ（眉毛）の手入れやマスカラの塗布など，目元の化粧に特に力を入れ部分的化粧をはじめた。ユミの化粧開始のきっかけは，中学に進学し，入部した部活の先輩たちがしている化粧に憧れをもったことによる。彼女にとって，中学生が化粧をすることは，「あたりまえ」の行為であり，おしゃれを目的とした化粧により，理想とする中学生のイメージに自分自身を近づけていた。

ユイコもこうした時期に化粧を開始した女性の1人である。高校進学と同時に眉毛を整える，マスカラをつけるなど，部分的な化粧を開始したユイコは，その時のことについて表6-3のように語っていた。

ユイコは，新しい環境である高校の同級生に対して，派手で都会的というイメージを抱いているし，その印象は化粧する同級生によってつくり出されていた。彼女は，化粧をしない自分に恥ずかしさを感じ，そこに馴染むために自分も化粧をはじめるべきであると判断した。ユイコの事例のように，進学と同時に始まる化粧は思春期にあたる時期に開始されることになる。この時期に個人は，新たな生活・環境への参入や新しい人間関係の構築など，複雑な変化を経

表6-3　ユイコの語り

周りにもうすでに入学式から化粧をしているような子がいて，ちょっと家から遠い高校にいったので違ったんです雰囲気が。中学は地元だったから田舎やったんですよ。でも，高校は何かちょっとだけ都会やったんですよ。派手な子がいて。

験する（Sadker & Sadker, 1994；川合訳, 1996）。また，自己意識の発達に伴い，外見への意識もより強くなる。化粧行為の開始は，こうした状況のなかで形成される。

　「本格的化粧」　　本格的化粧とはいわゆるフルメイクをさす。化粧の開始に至るには，環境的変化を契機とする場合と，身近な他者などからの促進を契機とする場合の2種類の径路があった。

　環境的変化をきっかけとして本格的化粧をはじめる調査協力者は，進学や，通塾の開始などといった環境の変化と，属する環境のなかでの制約の緩和をきっかけに，隠れた行為として行っていた化粧を他者からも認められた行為へと変容させていた。中学入学と同時に，部分的化粧をはじめたユミは，高校入学後に本格的化粧を開始した。その経緯を彼女は，「電車通学をするようになり，他校の生徒など色々な人と会う機会が増えた」ことと，「部活動の先輩が化粧をしていたから」と語っていた。

　なお，身近な他者などからの促進を契機とする場合については，社会的方向づけ4を参照されたい。

2. それぞれの時期に影響する社会的方向づけ

　さて，受身的化粧から自発的化粧へと至る過程には，それぞれの時点において4つの異なる社会的方向づけが作用していた。ここからは，各々の社会的方向づけがどのように作用したか，具体的なデータを援用しつつ解釈をしていきたい。

　社会的方向づけ1　「興味喚起」　　自発的化粧に至るまでに，化粧への興味を喚起する社会的な働きかけがある。はじめに，自発的化粧に至る前に訪れるこの社会的方向づけについて述べたい。

　この働きかけについて，社会的方向づけ1「興味喚起」とする。今回の調査協力者に限っていえば，社会的方向づけ1は全員にとって児童期前後に経験されている。この時期は，化粧に興味はあるもののすぐに化粧を始められる年齢ではないため，化粧品を大人に内緒で使用してみる「化粧の試用」という行為がみられる。ハルナは「化粧品の試用」について，次のように語っている（表6-4）。

表6-4 ハルナの語り

化粧品を買った……えー……中2のときに何かもう粉とかそんなんは買ってましたけど，あ，でもマニキュアとかは結構，小学校のときから何か子ども用とかの買ったりとか，何かキキララとかの何か匂いがするのとか持ってました。 ―中略― それも友達に感化されて買ったとか。友達がつけよったから，ああ，こんなんもつけるんやって思ってつけた。

「化粧の試用」は，社会化の先取り（anticipatory socialization ; Stone, 1962）として位置づけられる。母親の化粧行為や，メディアから発信される情報としての芸能人やモデルのイメージ，それらに対する憧れを，化粧を遊びに取り入れることにより，調査協力者は少し背伸びをした感覚を実感する。また，友人やきょうだいとともに化粧品の試用をする場合もある。化粧行為が友人への同調行動となり，化粧を媒介とするコミュニケーションが始まる，社会的適応がはかられ，そこから自発的化粧へと至るといったように，化粧の開始に直接的に影響していた。

社会的方向づけ2 「コミュニティ内の選択透過」 次に，自発的化粧としての部分的化粧が始まる時点における外部からの促進的影響について触れたい。特に進学や通塾の開始などによる環境や人間関係の変容によるところが大きい。

ハルナとマキは「化粧に特に興味をもっていなかったが，周囲の友人が化粧をしていることに影響を受けて化粧を開始した」と述べていた。このように，友人関係は化粧の開始時期に影響を与える。互いに化粧を施しあう行為は，スキンシップとなり，スキンシップによって心的距離を縮めることが可能となる（春木，2002）。さらに，化粧をしていることを先生や先輩に知られないようにするという秘密の共有や情報交換の側面も，化粧の人間関係をより親密にするための媒介としての側面を際立たせる。化粧は新しい状況下で友人を選択し，獲得する際に有効な手段ともなり得るようである。

親による化粧品購入時の金銭的援助も，化粧行為に強く影響すると考えられる。金銭的援助を受けることができるのは，同時に親から化粧品の購入を許可され，それを使用することを容認されているからである。特に，年が幼ければ幼いほど，普通は自由に使用できるお金が少ないし，お小遣いのなかで化粧品

を購入することは（金額的にも）それほど容易ではないと考えられる。そのため，自発的化粧の開始時期に親からの金銭的援助があるかないかが，化粧行為に大きく影響する要因の1つとなると考えられる。

社会的方向づけ3　「規範意識に基づく他者からの化粧の抑制」　社会的方向づけ3は，社会的方向づけ2と同様に，自発的化粧のなかでも部分的化粧にあたる部分での社会的方向づけである。調査協力者のなかで，化粧を部分的化粧にとどめる，もしくは，学校では日常的に化粧をしないという選択をしていた者がいた。それは，自発的な選択として化粧を開始したものの，第三者から「まだ化粧をする年齢ではない」という考えに基づき抑制された結果として語られていた。

社会的方向づけ3が影響する時期の化粧行為の質を決定する要因としては，学校や親など，かかわりをもつ大人からの影響が大きい。その影響の大きさは，自発的化粧が2期に分かれることからも推測できる。特に，中学・高校生は，学校という制度のなかで，「学生らしさ」を求められる存在である（藤井, 1991）。一部の学校の校則では，（中学・高校の）生徒は化粧するべきでないと考えられ，学校で定められた規制に従うことが求められる。こうした場合，生徒は進学や成績評価などへの影響を考慮し，教師や周囲の大人の意見に従うようになる。

社会的方向づけ4　「規範意識に基づく他者からの化粧の促進」　社会的方向づけ4は，本格的化粧に参入させるための外部からの方向づけである。身近な他者からの促進を契機として化粧を開始した調査協力者は，「大人として認められる年齢」の訪れとともに化粧をはじめるように勧められていた。こうした促進は様々な形があり得るが，代表的な事例としてユイコは表6-5のように語っていた。

ユイコの母親の行為は，社会的方向づけ4として捉えることができる。本格

表6-5　ハルナの語り

急にある日，化粧品揃えに行こうって，いきなり（親に）連れて行かれたんですよ。大学やしって。多分お母さんが高校出てすぐ働いていたんですよ。だから，高校出たら化粧みたいなあれがあるのかもしれない。

的化粧の開始に影響を与えるこの社会的方向づけは，特に母親，きょうだい，友人などの親しい存在からの促進的力が強いことが象徴的に示されている。程度や形式に差があるとはいえ，ユイコのように大学入学を機に化粧品を買いに行く，アルバイト時に化粧をするなどといったように，個人の社会化を主たる目的とする，さまざまな化粧を促進する方向づけが存在する。

　社会的方向づけ 4 は，社会的方向づけ 2 と似た働きに見えるが，性質は大きく異なる。社会的方向づけ 2 での化粧の促進は，学校や友人関係という小さなコミュニティのなかでの方向づけであり，限定的でローカルな場からの要請である。一方，社会的方向づけ 4 は，より大きな文化・社会的な（化粧が世間での一人前の大人としてのたしなみであると考えるような）影響が直接的にかかわる。「化粧は社会における女性のマナー」という考えは，特定の文化・社会的状況の支配的な語りとしてとらえることができる。ここで留意すべき点は，多くの場合，それが当事者としての個人にとって自発的な選択として認識されていることである。

　社会的方向づけ 4 に関連して，化粧をした顔が社会的な場面における自己の顔としてみなされていることが分かるハルナの語りを取りあげる（表 6-6）。

　ハルナの語りから，彼女にとっては化粧をしているときの自分自身が社会的な場面での自己として意識されていることが読み取れる。彼女にとって化粧行為は習慣化された行為になっている。石田（1995）は日常的な化粧について，「習慣化した化粧」という表現を用い，「これらの行為をするにあたって，なぜ化粧をするのか，化粧をすることは自分にどんな効果をもたらすのか，化粧はどんな意味を持つものかなど，改めて意識しないもの」であると述べた。また，本書でも，本人が置かれている文化・社会的状況の変化に伴って化粧行為が変化したと語る調査協力者はいたものの，化粧を特別な意味をもつ行為と捉えている語りは存在しなかった。同様に，化粧はやめられないが，それがなぜかという部分について明確に言語化ができる調査協力者はいなかった。バルテス，

表 6-6　ハルナの語り

化粧をしないのはぁ，何かちょっと下向き加減になるっていうか，あと，バイトとかやったら，やっぱちょっとはしてないと失礼かなって思ったりもありますね。

114　第6章　研究3　化粧行為の形成過程

表6-7　ハルナの語り

| 1回化粧をやりだしたら，もうやめられなかったし，しないと落ち着かなかった。化粧をしていたら自分でおれるような感じがする。してなかったら，ちょっと下向き加減になるっていうか。
—中略—
コンビニとか行くときどうしようって思いますね。あぁ，コレっていいのかなって思いつつ。大学にきてからいっぱい学生がおるからいややなぁって思って。 |
|---|

　シュタウディンガー，リンデンベルガー（Baltes, Staudinger, & Lindenberger, 1999）は「年齢と共に重要性が増す文化がある」ことを指摘している。化粧が当事者としての個人にとって社会・文化的文脈のなかで受容されるようになりゆく過程も，まさにその1つだと言ってもよいだろう。重要性が増すからこそ，ある記号的媒介は取り込まれ，日常になるのではないだろうか。
　実際，部分的化粧・本格的化粧いずれの場合にも，一旦化粧をしはじめた調査協力者が自らの選択によって，化粧をやめることはなかった。この事実は，化粧が一旦取り込まれた後に，他者と接する準備状態をつくり出すための媒介として機能するようになる可能性を示している。以下のハルナの語りに端的にその感覚に関する表現がある（表6-7）。
　ハルナの語りから，化粧をした状態こそが他者に向き合うときの自己として認識されるようになっていることが分かる。これは，個人差はあるものの多くの者が感じとることだろう。社会・文化的場面において，女性は身だしなみとして化粧をしなければならないという考え方は，この現象を端的に表している。
　今回の調査協力者のなかで，唯一，化粧をしない選択をしたと述べていたエミですら，受身的化粧として成人式に化粧をされる経験の後に，何度か家族から化粧を勧められている。彼女は，妹からも「お姉ちゃん，化粧しないの？」と聞かれることや，母親からスキンケアを勧められることもあったと語っていた。そして，勧められるがままに，いったん化粧をはじめようとはするものの，面倒になりやめてしまうというパターンを繰り返していた。

第6節　日本における化粧行為の形成過程の特徴

　第6章では，化粧行為の形成過程をとらえることを目的としてインタビュー

調査から化粧が始まり（あるいは，しないことを選択し），ある程度定常的状態に至るまでの経緯を聞き出し，そのプロセスを複線径路・等至性モデルとして描き出した。

モデル化により，日本における化粧行為の形成過程に必須通過点として受身的化粧（OPP1）と自発的化粧（OPP2）があることが明らかになった。自発的化粧（OPP2）はさらに2つの時期に区分できた。第1期は部分的化粧期であり，第2期は本格的化粧期である。さらに，化粧行為に至るまでの社会的影響として，4つの社会的方向づけ（SD1「興味喚起」，SD2「コミュニティ内の選択透過」，SD3「規範意識に基づく他者からの化粧の抑制」，SD4「規範意識に基づく他者からの化粧の促進」）がみとめられた。日本では，化粧を促進する力が強く，それは調査協力者に共通のパターンとして立ち現れていた。

複線径路・等至性モデルでは，行為過程のみをプロットしていくのみではなく，背景となる影響力を社会的方向づけとして描き出すことができる。社会的方向づけの分析から，日本では女性に対して化粧を選択させる促進的力が非常に強く働いていることが分かった。特に，日常場面において化粧を促進する社会的方向づけがはたらく場面には，文化・社会的状況の変化が伴っており，調査協力者の化粧行為を変容させるきっかけには，各々の区切りとなるフェーズがあることが明らかになった。

では，化粧行為が変容する場面はいかにして経験されるのか。続く第7章では大きな文化・社会的状況の変化の経験として自文化から異文化への文化移行を経験した人にインタビュー調査をし，化粧行為の変容過程について焦点化した研究を行う。

注

6) 複線径路・等至性モデルに使用されている概念の多くは，ベルタランフィ（1968：長野・太田訳, 1973）の一般システム理論による。一般システム理論とは，システム一般に対して使える原理の定式化を指向したものである。ベルタランフィによると，同じ最終状態が異なる径路を経て実現するのが開放システムであり，その最終状態が等至点である。具体的な研究においては，研究者の関心に基づいて決定される焦点のようなものをさす。
7) 等至点に焦点を当て，多様な経路をとりつつも同一（または類似）の結果にたどりつくという前提に基づいて研究を行うためのサンプリング方法という意味で新しい。

8) オープンシステムな存在である人間は，システムが機能するフィールドのなかで強い抑制を受けることによって統制され，もしくは，フィールドの特定の事象に対してある程度の制約を受ける。その制約を，社会的示唆／方向づけと呼ぶ。ヴァルシナー（Valsiner, 2001）によると人の行動を誘導する社会的ガイダンス（social guidance）は，システムのなかで不可欠なものとされている。なお，現時点において，複線径路・等至性モデルの理論において社会的方向づけの概念は，社会的ガイドが促進的な力，社会的方向づけが抑制的な力と定義されているが，本書では同じ力であったとしても，個人の文脈や志向性によりそれが促進的にも抑制的にもなり得る可能性があると考えて社会的方向づけという用語を敢えて使用している。複線径路・等至性モデルの理論における社会的方向づけの概念は，木戸（2010）が初出であり，以後発展的に理論化されていったという経緯がある。

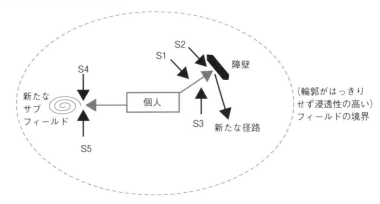

S= 社会的示唆/方向づけ

図　ヴァルシナー（2001）による社会的示唆／方向づけのモデル (Valsiner, 2001)

9) 木戸・サトウ（2004）の研究から12.9%の化粧しない人がいることが明らかになったため，調査協力者5名中1名は（1/5で20%とはなるものの）最低1名は化粧をしない人のデータを組み込むことが妥当であると判断し，化粧を日常的にしないものを調査協力者として含めた。

第7章

研究 4
文脈の変容に伴う
化粧行為の変容

第1節　異なる社会・文化的文脈に参入する経験

　私たちが慣れ親しんでいる行為について，日常的にその意味や価値を問い直すことは極めて稀である。習慣として取り入れられる行為は，その行為自体が内化されており，意識的に見直されることが少ない。このような習慣的行為は異文化への参入による文化移行などによって，はじめて行為者の眼前に立ち現れ，意識化されるものである。

　よそおいは，ローカルな文化における正当化された行動様式として記号的な意味をもつ（小嶋，1999）。よそおいは，集団への所属や社会的階層のあり方を具現化したものである。よそおいへの関心の高さについては，文化・社会における公的自己意識の高さと相関する（Miller & Cox, 1982）ことが示唆されている。これらをふまえると，よそおいに対する感覚は，文化・社会が重視している価値観を直接的に反映していると考えるのが妥当だろう。

　ここから，青年期の女性にとって異文化への移行がどのように化粧行為や化粧行為の意味づけに影響するかについて検討する。本章では，日本で育ち，化粧行為を形成した後に海外留学を体験した者に焦点を当て，化粧行為の形成と変容のダイナミズムをとらえる。そのための分析枠組みとして，本章でも第6章と同様に，ヴァルシナーと佐藤（Valsiner & Sato, 2006）による複線径路・等至性モデルを採用する。

第2節　目　的

　本章では，化粧行為を，個人の発達と個人が生きる社会・文化的文脈との相互作用によって構成される文化的行為として捉え，青年期に日本からの文化移行を経験した女性の化粧行為の変容・維持過程の分析を行うことを目的とする。その際には，米国留学後の化粧行為に焦点化した分析と記述を取り扱う。

表7-1 調査協力者一覧

調査対象者	年齢	アメリカでの滞在年数	アメリカ以外の海外在住経験
ナツコ	23	7ヶ月	ニュージーランド（1年間）
カヨ	32	10年	なし
ユキ	22	3年	なし
ルミ	23	4年	イギリス（6年間）

第3節　方　法

1. 調査協力者

　歴史的構造化サンプリングの理論に基づき，個人の経験から調査協力者を選定した。本書におけるサンプリングのポイントは以下の2点にある。①日本において化粧行為をする／しないという選択を行った。②あらかじめ日本での化粧行為を獲得したのちに文化移行を経験し化粧行為を選択した。

　米国にある私立E大学在籍の女子学生4名（22から32歳まで）を対象とした。なお，米国での滞在年数は7ヶ月から10年（平均4年），米国もしくはそれ以外の海外在住経験が1年以上ある者に限定とした。

　調査協力者はスノーボール・メソッドの手続きにより募った。表7-1として，調査協力者一覧を示す。協力を許可していただけた方に，個別に連絡をとり，インタビュー調査の開始前に細かな趣旨説明をした。調査に際しては，これら計4名に対して，個別の半構造化インタビューを実施した。なお，プライバシー保護の観点から名前は仮名を用いて全て匿名化している。

2. データの収集

　事前に，調査協力者にフェイスシートへの回答を依頼した。このフェイスシートは筆者が予備調査に基づき作成し，インタビューを円滑に進めるための補助資料として使用した。

　インタビューは，筆者が，半構造化面接を実施した。自発的な語りを重視したので，順序性・形式ともに調査協力者との対話に応じて変更を加えながら，インタビューを進めることとした。

面接は調査協力者に語ることがなくなったと思われた時点で終了した。一度につき60分から130分（平均85分（$SD = \pm15$）），個別に一度，筆者が調査協力者に指定された場所に出向き実施した。インタビュー内容は，事前に許可を得て，ICレコーダーに録音した。また，調査者自身がインタビュー中にノートに記録したメモは，補助記録としてトランスクリプト化および分析の際に使用した。なお，フェイスシートへの回答・インタビュー共に，語りたくないことや回答したくないことに関しては答えなくてよいことと，プライバシーに十分な配慮をしたうえでインタビューの記録を学術論文等として公刊することを十分に話し手に説明し，承諾を得た。録音したインタビューはトランスクリプトに起こしてテクスト化し，これを一次資料とした。分析には，一次資料をカード化したデータを用いた。

3. 分析手続き

分析は，複線径路・等至性モデルの枠組みに基づいて行った。以下に，具体的な分析手続きについて記述する。

インタビューから得られた各々のナラティヴ・データを，意味のまとまりごとに断片化してカード化したうえで，調査協力者によって語られた内容を出来事が生起した時系列に沿って並べた。語られた言葉から抽出した経験については，その経験を端的に表現する言葉を，各経験をあらわす見出しとして付与した。等至点は，化粧行為が「日常化する／しない」という選択が恒常的に決定された時点とし，化粧行為の認識から選択に至る径路を描いた。なお，モデルのなかで，実線は実際に調査協力者がたどった径路を示しており，破線は今回の調査協力者はとらなかったけれど，理論的にとり得ると予測される径路を示している。

第4節　結　果

1. 質問項目

木戸・サトウ（2004）の調査結果などを参考に，多くの者が共通して経験し得ると想定できるポイントに関する項目を，質問項目として設定した。質問項

目は下記の6つの項目であったが，調査協力者とのインタビューのなかで必要に応じて質問を追加した。

1) 化粧をいつごろから認識していたか
2) いつごろから化粧をしていたか（日本での化粧経験）
3) 米国に来てからの化粧は日本にいたときと比較して異なるか
4) 化粧に対するどのようなイメージをもっているか
5) 化粧をする人・しない人それぞれをどう思っているのか
6) 日本にいるときと米国の私立E大学に来てからの化粧観の違い

2．結　果

　本章における調査結果として作成した複線径路・等至性モデルを図7-1として示す。本章の調査用質問項目には，日本での化粧経験を問う項目もあったが，これに対する回答とここから作成したモデルについては，第6章の径路と同じ構造をもっていたために，結果の提示は割愛する。なお，本章の調査協力者の径路が第6章の結果と類似するということは，第6章の結果が真実性をもつ可能性を示唆していると考えられる。

　米国留学によって，文化移行を経験した協力者の米国での化粧行為の選択過程には，個人の経験として違いがあるものの，「行為の相対化と気づき」から化粧の「価値観・意味の問い直し」に至る共通した一連の径路があることがみとめられた。これを，第6章の必須通過点1「受身的化粧経験」，2「自発的化粧経験」に続く通過点と位置づけ，必須通過点3（OPP3）「化粧の価値・意味の自己省察過程」とした。必須通過点3は，ポイントであるが，大きな時間的幅をもつ。ここで重要なことは，今回の調査協力者を含む多くの人が米国への文化移行に際していわゆるカルチャーショックが起きることは想定し得たかもしれないが，それが化粧のような習慣的行為について起こり得ると明確に予測できなかったことである。

　米国留学以前の調査協力者の化粧行為選択過程についても第6章と同様の検討の必要があるかもしれないが，本章では米国留学後の化粧行為の変容過程をとらえたい。そのため，必須通過点3「化粧の価値・意味の自己省察過程」に

122　第7章　研究4　文脈の変容に伴う化粧行為の変容

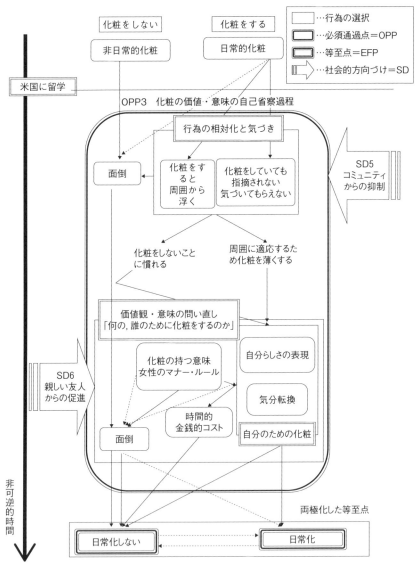

図7-1　文化移行後の「化粧の価値・意味の自己省察過程」に焦点化した
複線径路・等至性モデル

図の左側に書かれてある実践の矢印は，過去から調査時に至る時間の流れを示している。実線の矢印が実際に語られた径路を示し，破線の矢印は想定される径路を示す。

表7-2 調査協力者の化粧行為選択の概要

	ナツコ	カヨ	ユキ	ルミ
受身的化粧	幼稚園（年中） お花祭り・母親に化粧をしてもらう	3〜4歳 母親の友人にネイルを塗られる	なし	小学生の頃 イギリスの小学校のディスコパーティ
化粧を認識	3歳 母親が仕事をはじめ，化粧をするようになった	7〜8歳 母親が仕事をはじめ，毎日化粧をするようになる	中学生のころ 姉を見て認識する 興味なし	6〜7歳 母親を見て 興味あり
化粧品で遊ぶ		7〜8歳 母親の化粧品を勝手に使用して怒られる	親がいない時にこっそりと口紅をつけたり化粧をする	
化粧品をもち始める	中学校入学以降 カラーリップクリームを使用 母親からリップグロスなどをもらいはじめる	中学校入学以降 薬用リップクリームを自分でもつ	高校2〜3年生 アイブロウライナーとパウダーファンデーションを購入する	中学校入学以降 マスカラ・リップを購入する
自発的化粧（部分的化粧）	高校入学以降 特別なときにのみ部活をしていたため，化粧はほとんどしなかった	中学2〜3年(15歳) 遊びに行くときにアイメイク・UVケアなどをする	高校3年生 眉毛を整えはじめる 母親の促進	中学校入学以降 校則に反発するような意識からクリアリップから色つきのリップを買ったとき，満足感を感じる
本格的化粧	高校3年生の夏 部活を引退した後，化粧を少しずつはじめる 本格的開始は高校卒業の翌日から	大学入学以降 日常的ではないアルバイトや遊びに行くときなどのみ化粧をする	高校2〜3年生のころ 舞台に立つために化粧品を買いそろえ，化粧をする	高校入学以降 毎日ではなく，休日・デート・遊びに行くときに化粧
渡米直後	周囲が化粧をしていないことに気づき，面倒になる 日本人として危険な目にあい，日本人に見られないようにするために化粧をしなくなる	肌が荒れるとの理由から，ファンデーションをしなくなる 友人に眉毛を整えられて以来眉を整えるようになる	大学に入り化粧をはじめる（日常的ではない） タンザニアに留学し，以降，化粧をしなくなる	周囲から勘違いされないように手抜きメイクをする
現社	ルームメイトに勧められ，化粧を再び開始する	特別な予定があるときのみに化粧をする	時々化粧をする	気の合う友人のグループにておしゃれしはじめる 自己満足，自分の気持ちに余裕をもたせる

焦点化した複線径路・等至性モデルを再度作成することとした。以下では，作成したモデルに基づき，それぞれの過程について，時系列に沿いながら必須通過点3におけるそれぞれのポイントの説明と考察の記述を行う。また，個別の調査協力者については，第6章と同様に化粧をはじめる経緯のポイントとなる出来事を調査協力者の化粧行為選択の概要として，表として提示する（表7-2）。なお，必須通過点の番号に関しては，第6章の結果と連続して番号を付けることとした。

第5節　異文化参入による化粧行為の変容過程

1. 行為の相対化と気づき

社会的方向づけ5　「コミュニティからの**抑制**」　調査協力者は全員，留学当初は米国においても日本在住時と同様に化粧行為を行っていた。しかし，ある一定の期間が経過することにより，自分の化粧が周囲から浮いてみえることや，していなくても指摘されないことに気づきはじめた。具体的には，「周囲の人びとが化粧をしていない」「化粧や身だしなみについて日本のように干渉をされない」こと，日本の社会・文化的文脈のなかで化粧に対してさまざまな干渉を受けていたことが，調査協力者に意識化されていた。調査を実施したE大学で日常的に化粧をしている人が多くないという状況は，調査協力者全員が「化粧をしていると周囲から浮いて見える」と述べていることからもうかがえる。ナツコは表7-3のように語っている。

　調査協力者たちは，化粧文化の違いに気付くとすぐに，周囲の環境に適応するために化粧をしなくなる，または，化粧を薄くするというように，それぞれが思考錯誤しながらも行為を変化させていた。文化的状況における要請として社会的方向づけは，個人がどのように行為するかを決定する。ここでは，調査

表7-3　ナツコの語り

［米国に］来る時に化粧してたかな？　多分。こっちにきてしばらく知り合いの家に泊めてもらっていて，その時には化粧をしていたけど，段々面倒になって，周りがしてないことに気づいて，あれ，浮くな［化粧］してたらって感じてて。

協力者は自発的に化粧行為を調整することを要請され，それに応じていた。一連の過程は，化粧行為の自己と他者の相互コミュニケーションを反映していた。

2. 価値観・意味の問い直し

一旦，化粧行為を変容させた後に，調査協力者は化粧とは「何であり，誰のためにするものか」という自己内での省察を行っていた。そのうえで調査協力者は，周囲への適応を図りつつ再び化粧をする，あるいは化粧をしないという決定を自分自身の意志に基づいて行い，化粧行為を再度変容させていた。

ルミは，社会的方向づけ 5 を受け，周囲の人々から浮かない程度に化粧を薄くすることで周囲に適応しようと心がけていた（表7-4）。ルミは自分自身の価値観に基づき，再び化粧をするという選択を行っていた。こうした選択は，全ての調査協力者が行っていた。

変容は，表面的な行為のみではなく，意識・目的のレベルでも起こっていた。ナツコは日本での化粧行為を，「どんな化粧が男受けするかとか，そういうことをすごく意識していたような気がする」と語っていた。そして，目的の変化として「米国に来てから自分のために化粧をするようになった」と語っていた。彼女は，気分転換や自分らしさの表現，自分に気合いを入れるためなどという表現を多用して語っていた。同様に，ルミも「他人を意識した化粧よりも，自分の気持ちに余裕を持たせることを目的として化粧をするようになった」と語っていた。こうして，化粧行為は他者に向けた行為から，自分に向けた行為へと変容していた。

社会的方向づけ 6 「親しい友人からの促進」　化粧行為の変容に，他者か

表7-4　ルミの語り

コンサバティブな人たちのなかで，1人でメイクしく，ウフフっていうのはホント浮くので，場にあわさなきゃいけないって言うよりも，みんなに勘違いされるから，っていうので手抜いたりして，1年の頃は。だんだん，アピアランスをすごく気にする人たちとすごくヒッピーチックにすごく全然気にしない人たちと，自然に趣味のあう友達とかにグループ分けされていったりすると，おしゃれしたり友達たちと趣味の話しをしていくと，やっぱり一番好きな自分をこう飾って毎日ふるまうのもいいかなって感じになってきて，そういう意味で着飾るのはある意味基本だから，着飾った自分が実は基本で，ノーメイクノンシャワーの自分は，部屋のなかの自分っていう風になっていったのじゃないかなぁって思います。

らの影響がある場合もあった。ユキは，日本では日常的に化粧をしていたが，米国留学中に，授業プログラムの一環としてアフリカに留学し，現地の貧しい社会状況にショックを受け，いったん化粧をやめる選択をした。そして，約1年後に，再び化粧をするようになっていた（表7-5）。

ユキは，化粧行為を身だしなみとして捉え，正式な場面ですべき行為であると考えるようになっていた。ユキが化粧を再び開始したのは，親しい友人から化粧を勧められたことがきっかけとなっていた。

カヨもまた，友人から眉毛の手入れをしてもらったことをきっかけに，眉毛の手入れを意識するようになったと語っていた（表7-6）。

こうした調査協力者たちの語りからもみえてくるように，化粧を再度開始するきっかけを調査協力者に与えていたのは，親しい友人の存在や，友人からのアドバイスや協力であった。ここには調査1のような化粧行為の強制ではなく，あくまで自然なアドバイスと個人的なかかわりあいのなかでの社会的方向づけがあった。

必須通過点3 「化粧の価値・意味の自己省察過程」　必須通過点3では，調査協力者の認識の変容が本質的な変容であるか，表面的な変容であるかが問題となる。米国に留学した初期の時点での化粧に対する認識と行為の変容は，周囲への適応を目的とした表面的な変容に近い。これは，本調査において全ての調査協力者が，一旦化粧行為を変化させた後，再度自らの意志に基づいた化

表7-5　ナツコの語り

[化粧は]そんなにやらないですけど，正式な場所とかだと，身だしなみとかあるので，やっぱりやったほうがいいなっていうのでやってて，今は，毎日はしないですけど，時々，化粧をするぐらいになってますね。
——中略——
こっち（米国）は何でも褒めるって言う方が多いから，ちょっといい格好してたらみんな褒めてくれるし，化粧してたら，「今日いいね」っていうのをみんな素直に言いあうし，やっぱそれは嬉しいって思いましたね。

表7-6　カヨの語り

[眉毛を]全然気にしてなかったんだけどー，別の地方にいたときに知り合った友達から，お願いだからその眉毛どうにかしてって言われて，抜かせてって懇願されて，抜いてもらってからちょっと気にするようになったかな？　でも，何かちゃんとしないけどね。

粧行為の選択を行うというプロセスをたどっていたことからも分かる。

しかし，それ以上に重要なのは，米国での化粧行為が個人の意思決定に基づき再形成されている点である。価値観・意味の自己省察過程を経て新しく形成される化粧は，比較的自由な選択をできる環境のなかで，これまでの化粧の経験に基づき新しく導きだした行為といえる。本章の事例ほど極端な変容はないにしろ，日本においても意識されない程度の日常的な場面で，場所や環境の変化や様々な対人関係などという社会的な要請に応じて自らのよそおいを選択するというプロセスは繰り返されている。

さらに，文化移行を通じて化粧の価値観・意味を問い直した後にも化粧行為を完全にやめる選択をする者がいなかった理由として，化粧行為の習慣性を指摘することができる。今回の調査協力者は，全員がいったん日本において化粧行為を形成していた。そのため，調査協力者にとって化粧は，個人内に習慣として内在化された行為であったと考えて良いだろう。ユキは洗顔をする際の日本と米国の習慣性の違いを表7-7のように語っている。

ユキは米国での化粧行為の些細な差異にも違和感を覚えていた。その他，類似した習慣的差異は他の調査協力者も報告していたが，どんなに小さな習慣であろうとも，いったん習得した場合に根本的に覆すことは容易ではない。そのため，今回の調査協力者は，行為をやめるのではなく主体的選択として化粧行為を，ポイントメイクのみにする，これまでしていたよりも薄くするというように，もとあった化粧行為を別の形式に変容させるという結果に収束していた。

これは，理論的にとらえるとローカリゼーションとグローバリゼーションの狭間に起こり得る対話ととらえることができる。

表7-7　ユキの語り

寮とかで，洗顔，日本の女の子洗顔するじゃないですか，（でも……筆者追記）洗顔しないんですよ。こっち（筆者注：米国）はあんまり。する人結構少なくて，それで結構びっくりした。 —中略— メイクしない人は，水でばしゃばしゃやったり。（メイクする人は）布みたいなの売ってるじゃないですか。市販のやつ。メイク落としみたいな。それやって，後，お水でばしゃばしゃみたいな。全然，洗顔とかに興味ない。

3. まとめ

　第7章では，文化移行を経験し，異なる文化的状況のもとで過ごす経験をすることが，日本における化粧行為を相対化する機会をもった調査協力者がどのようにして化粧行為を変容させたか，その新たな文脈にいるなかでの変容プロセスを詳述した。このことから，ある文化的状況において促進される価値体系が異なる，文化的状況では抑制されること。また，習慣的行為としての化粧の変容は，個人に文化的実践として内在化された行為の変容としてではなく，分化と統合プロセスを経た新たなバリエーションとしてとらえることができることが分かった。

第6節　化粧行動の文脈の移行と意味の変容

　本章では，化粧行為の選択過程（化粧の価値・意味の自己省察過程（OPP3））に焦点化して分析を行った。化粧の価値・意味の自己省察過程（OPP3）は，調査協力者自身がこれまでに行ってきた化粧行為自体の相対化とそれに対する気づきから，化粧行為を新たに変容させていく過程である。社会的方向づけとしては，当該文化においてのこれまでの自身の行為の相対化と気づきにSD5「コミュニティからの抑制」が，さらにこの過程を経た後の価値観・意味の問い直しにSD6「親しい友人からの促進」がみとめられた。この過程は，個人の意思決定プロセスにおける分化と統合，新たな行為のバリエーションをつくり出すためのプロセスとして解釈できる。

　第6章および本章の限られた事例をもとに作成したモデルを，日本女性全体の化粧行為の径路として一般化することはできない。だが，このモデルは，次の2つの点を可能にした。1つは，特定の文化的状況にある個人の方向性・傾向性についての理論的予測である。より具体的には環境の変化が社会的方向づけを伴っていること，日本という文化的状況では年齢が上がるにつれ，化粧をしない選択が難しくなっていくことである。日本の多くの成人女性たちは一見すると自ら化粧をする選択をしているようにみえるが，実際には社会の暗黙のルールや規範から化粧行為を規定されている。これは，本章の調査協力者の語りからも読みとれる。もう1つは，行為の相対化と変容過程の記述である。本

書では，異なる価値体系をもつ文化的状況に参入することにより，自らの行為を相対化し変容させる過程を扱った。日本と米国における調査協力者の化粧行為の質の変容は慣習の差異の反映として考えられる。なぜならば，文化的な移行は，地理的な移動によって達成されるのではなく，メゾレベル（つまり，認識的レベル）で発生する構造と見分の認識の葛藤によって実現化する（森, 2009）からである。このような変容は，日常レベルでも無自覚に生起していると解釈することができる。日常レベルでの私たちの行為も同様に，このような葛藤が迫られる場合，たとえば，就職活動の開始にあたって，内心は不本意と思いつつもリクルート・ファッションの基準にあわせることなど（具体的には，化粧をナチュラル・メイクに変えたり，髪の色を黒く染めなおすなどである）があげられる。こうした場合には，本章で述べてきた文化移行と同様のプロセスを通じることが想定される。そして，それによって化粧行為自体の意味づけが変わり，さらに，新たなバリエーションへと変容するように迫られるのである。

　本章では文化移行を経験した後に，日本に戻ってきた調査協力者については触れていない。日本の文化・社会的文脈で，いかに化粧行為を再構成していくかということは事例として非常に興味深い。森田（2004）は，在日ブラジル人児童のエスノグラフィーからアイデンティティ・ポリティックスとサバイバル戦略について分析を行っている。研究の協力者こそ森田（2004）と異なるものの，アイデンティティ・ポリティックスと文化・社会的状況への戦略的適応を鑑みることは，文化移行を経験した者がいかに生きるかという問題を考える際に有用だろう。特に化粧という日常に起こり得る微細なレベルの事例から考察する試みによって，より個の変化と社会的力の関係性を読み取ることが可能になる。本書では個人に関わる社会的な力のせめぎあいを，社会的方向づけとして提示してある。山岸（2006）は，人は他者の行動を誘因として行動する性質をもち，これが文化的行動を生みだすと述べている。こうした視点から，他者への構えをつくるという観点から，化粧に関しては，他者の行動を参照し模倣・反映する構造がつくられやすいと予測できる。なお，ヴァルシナー（Valsiner, 2001）が述べるように，文化の記述には，マクロ・メソ・ミクロというレベルがあると考えられるが，本書での社会的方向づけの記述には，反映していない。

第8章 化粧を語る・化粧で語る

本書では，当事者としての個人の視点に基づき，化粧行為のあり方と意味づけについて「化粧を語る・化粧で語る」というテーマを軸に検討してきた。語りを捉えるためにナラティヴ論を研究の視点として導入し，広義の言語によって語る行為と語られたものとして，化粧行為を自己と宛先との間で生成されるナラティヴとして対話的にとらえた。そして，インタビュー調査を実施し，調査協力者の化粧行為とのかかわりにまつわる語りをもとに化粧行為の宛先が埋め込まれている社会・文化的文脈の影響と個人のダイナミズムを，複数のナラティヴ分析を用いてモデル化した。ここから，化粧行為をもとにした自己と宛先の関係性を他者と場所，社会・文化的文脈に位置づけて検討し，化粧行為の形成と維持，変容過程について論じた。

　第8章では，はじめに，第4章から第7章で取り上げた研究1から研究4の知見をまとめる。そのうえで，本書の問題点と今後の課題について言及する。

第1節　調査研究のまとめ

　第1節では，第4章から第7章で取り上げた研究1から研究4の知見をまとめる。

1. 第4章（研究1）「化粧行為と宛先」

　第4章（研究1）と第5章（研究2）では，自己と宛先の関係に応じた化粧行為のあり方とその意味づけを明らかにするためにインタビュー調査を行い，得られた語りをナラティヴ分析によってモデル化した。ここで宛先とはバフチンに由来するものであるが（Bakhtin, 1981），特定の個人だけではなく場所性を含む概念に拡張した。この拡張こそ「化粧で語る」という意味での本書の意義の一つである。第4章（研究1）では，個人と宛先の関係を明らかにすることを目的とした。美容職従事者を調査協力者としたのは，女性のなかでも化粧行為に熟達しており，なおかつ，意識的に化粧を使い分け，それについて語る経験が豊富と想定されるためである。4名の美容職従事者には，化粧行為と日常生活における化粧行為をいかに使い分けているかを語っていただいた。インタビューで得られた語りは，化粧のプロセスと宛先となる場所（トポス）の連関および宛

先となる他者と自己の関係をナラティヴ分析を用いてモデル化した。

　分析では，はじめに宛先となる場所(トポス)の分析を行った。調査協力者の語りから宛先となる場所(トポス)とかかわる語りを抽出し，多重場所モデル（やまだ・山田，2006）を参考に，「親密」「近所」「他所」の場所(トポス)に分けた。そして，それぞれの場所(トポス)において調査協力者がどのような基準で化粧行為を実践しているかを，化粧のプロセスと場所(トポス)を結びつけモデルを作成した。

　つづいて，宛先となる他者とかかわる語りを抽出し，やまだ（2001）のモデル構成理論を用いて自己と他者の関係性の半具象モデルを作成した。半具象モデルとは，理論的にトップダウン的につくりあげたモデルとボトムアップ的に抽出したデータを対話させて生成する中間系のモデルである。ここでは，はじめにナラティヴ論と先行研究における考察から得られた抽象度の高い基本枠組み（Framework）となるモデルを作成した。そして，自己と他者の関係性を基本要素と基本構図にそれぞれ配置して整理し，基本要素としてのバリエーションや，基本構図として出てきたモデルの整合性を確認した。

　一連の分析から，化粧行為の使い分けが，大きく分けて「親密」な場所(トポス)での化粧（＝部屋化粧），「近所」の場所(トポス)での化粧（＝普段化粧），「他所」の場所(トポス)での化粧（＝よそ行き化粧）の3つのレベルに分けて調整されることが明らかになった。この分析から，社会・文化的文脈の構造が可視化され，化粧の使い分けられ方が大きく3つに分けてとらえられる可能性が示唆された。また，他者性のバリエーションには，5つの基本的なパターンを見いだした。基本構図1は，「他者の不在（もしくは，他者をあまり意識しない場合）」である。この場合，化粧をするときの宛先は，自分自身に向けられていた。基本構図2は，「他者との相互関係」の構図であり，個別具体的な他者が宛先となっていた。基本構図3は，「特定の場所(トポス)における他者との相互関係」の構図である。この構図3は，他者の存在と同時に場所(トポス)が宛先として重要であることを示していた。基本構図4は，「場所(トポス)を共有しない他者との対峙」の構図である。これは，自己が常に身を置く場所ではなく，外的な場所(トポス)に存在する他者が宛先となる構図である。基本構図5は，「場所(トポス)内・場所(トポス)外の他者の複合的関係性」の構図である。これは，すでに場所(トポス)を共有した他者との関係性に，場所(トポス)を共有しない外的な関係にある他者が立ち現れる場合，場所(トポス)を共有しない外的な関係にある他者が宛

先となることを示す構図である。

考察では，第一に，多重場所モデル（やまだ・山田，2006）に基づいて捉えた場合に，調査協力者が「親密」「近所」「他所」の3つの場所（トポス）を心理的に往還しながら化粧行為を行っていることを確認した。そのうえで，多重場所モデルに調査協力者の化粧行為の宛先を布置し，個人が多重化された場所（トポス）を生きる存在であることをモデルとして示した。第二に，化粧行為が個人と宛先との複合的な関係性のなかで行われていることをふまえ，化粧行為が私たちにとって次に身を置く場を指向しながらも過去経験に基づいて創出される行為であることをとらえた。そして，第三に，場所と場所の間の心理・身体的移行を円滑に媒介し，スイッチングする手段として機能していることを明らかにした。

ここから，化粧行為が，単に表面的に「変わる」ことを目的に行われているのではなく，自己やパーソナリティのあり方自体を変えることを目的に行われる行為であるという重要な知見を強調した。

2. 第5章（研究2）「宛先の発達と変容」

第5章（研究2）では，化粧行為と宛先の関係を発展的に捉えることを目的として，青年期以降の女性と共に生きるパートナー（彼氏もしくは夫）との関係のあり方の違いを検討した。パートナーとの関係性に焦点化したのは，社会・文化的文脈における役割関係を捉えるうえで最も身近であり，なおかつライフ・イベントと密接にかかわると考えたからである。調査協力者は，第4章の調査協力者のうち，最もパートナーとの関係について積極的に語っていた未婚の青年期女性の語りを再分析し，新たに調査協力を依頼した既婚の中年期女性の2名とした。

分析では，第一に，多重場所モデル（やまだ・山田，2006）を用い，インタビューで語られた場所をモデル化した。第二に，対話的自己（Hermans & Kempen, 1993　溝上他訳　2006）の観点から，宛先にいる自己を「〜としての自己」と変換し，調査協力者の自己のあり方を多重場所モデルにプロットした。ここから，パートナーとの関係性を表現している部分のみを抽出し，自己のあり方の違いに焦点を当てた。当初は自己と他者として分けて意識されていたパートナーとの関係性が，時間と共に自己の一部のように感じられる段階に至

る。それによって，自己と宛先との対話がパートナーを内化した様式へと変容していくことが明らかになった。

考察では，第1に，発達を通して，個人にとってよそおい自体の役割が変容しており，それにあわせて化粧行為が変容していることを確認した。青年期の化粧行為が外面的なよそおいを重視する「獲得する自己」に基づいているのに対し，中年期の化粧行為は自己の身体の健やかさをより重視する「まもる自己」へと変容していた。第2に，パートナーの存在が外部ポジションから内部ポジションへと移行すること。それによって当初はパートナーに宛先が向けられていた化粧行為が，パートナーとの関係を含んだ自己と，宛先との関係性へ向けた化粧行為へと変容していく過程をとらえた。

ここから，発達的に化粧をとらえる場合，化粧行為の変容はライフ・ステージの移行として単純にとらえるだけでは十分ではないことを指摘した。そのうえで，パートナーとなるような重要な他者との関係性のあり方の変容を加味した自己のポジショニングの変容が，化粧行為を変容させる可能性について指摘した。これは，個人を表現する仕方と化粧の仕方が同時に対話的に変容していることを示す知見である。

3. 第6章（研究3）「化粧行為の形成過程」

第6章（研究3）と7章（研究4）では，日常的に化粧行為をする／しない選択を行った日本と米国の大学に通う女性9名の調査協力者に対して，半構造化インタビューを実施した。調査協力者の化粧行為にまつわる語りを非可逆的時間に沿って並び替え，文化心理学の記述モデルである複線径路・等至性モデル（Valsiner & Sato, 2006）を用いて，化粧行為の形成をモデル化した。さらに，個人の選択に対する社会・文化的影響について，社会的方向づけ（SD）の分析を行った。社会的方向づけとは選択肢があるにもかかわらず，特定の選択肢を選ぶように仕向けるような環境要因と，それを下支えするような文化社会的圧力のことをいう（サトウ，2009）。ここから，発達的経緯のなかで化粧行為がいかに形成され，変容するかを検討した。

第6章（研究3）では，日本における青年期女子学生にとっての化粧行為の形成と変容の経緯を，モデルとして記述することを目的とした。調査協力者は

日本の大学に通う青年期の女子学生5名である。化粧行為をする／しないの選択した地点を研究の最終地点とし，調査協力者が化粧行為を認識してから自身の化粧行為のスタイルを形成するまでの経緯を明らかにした。

インタビューから，化粧行為の形成までに，「受身的化粧」「自発的化粧」という2つのプロセスをたどることを明らかにした。化粧行為に至るまでの社会的影響としては，4つの社会的方向づけ（SD1「興味喚起」，SD2「コミュニティ内の選択透過」，SD3「規範意識に基づく他者からの化粧の抑制」，SD4「規範意識に基づく他者からの化粧の促進」）がみとめられた。「受身的化粧」とは，個人が望もうが望まざろうが，七五三や習い事の発表会の場などで半ば強制的に施される化粧である。「自発的化粧」とは，自発的化粧とは，基本的に個人の自発的な選択によって開始される化粧行為である。自発的化粧は段階的である場合もある。段階的な化粧の開始は，第1に，眉毛を整えて描く，リップクリームを使用する，肌の荒れを隠すためにファンデーションを塗りはじめるなど，顔の特定のパーツのみに限定して「部分的化粧」が始まる時期と，第2に，顔全体に化粧を施す，「本格的化粧」が始まる時期に大きく分けられた。「受身的化粧」「自発的化粧」のどちらにも，ともに社会的方向づけが影響を与えていた。このような過程を経ていったん形成された化粧行為は，当事者としての個人に持続的に取り入れられるようになっていた。

考察では，第1に，日本では女性を化粧に向かわせる社会的方向づけがさまざまな機会に強く働いており，持続的に化粧をしないことがみえない選択肢になっていることについて言及した。第2に，当事者としての個人にとって化粧を促進する社会的方向づけが認識される時期と，個人が身を置く社会・文化的文脈の変容の時期が連動していることについて指摘した。

4. 第7章（研究4）「文脈の変容に伴う化粧行為の変容」

第7章（研究4）では，化粧行為を形成した後に異文化に身を置く経験を通した化粧行為の変容の経緯を，モデルとして記述することを目的としてインタビュー調査を行った。調査協力者は，日本において化粧行為を形成した後に，米国の大学に留学した青年期の女子学生4名とした。日本での化粧行為の形成プロセスは第6章（研究3）でモデル化した調査協力者のプロセスと極めて類

似の径路となった。そのため，第7章（研究4）の分析は，異文化への移行後の化粧行為とその意味づけを扱う「化粧の価値・意味の自己省察過程」に限定した。

「化粧の価値・意味の自己省察過程」への社会的影響としては，当該文化においてのこれまでの自己の行為の相対化と気づきにSD5「コミュニティからの抑制」が，さらにこの過程を経た後の価値観・意味の問い直しにSD6「親しい友人からの促進」がみとめられた。結果として，異文化に身を置く経験は，自文化で培われた行為を相対化して見直し，新たな習慣の形成と変容のための契機となることを明らかにした。ただし，行為の変容はあくまで個人がそれまでに習慣的に行ってきた行為に基づくものとなっていた。

考察では，一連の化粧行為の変容を，個人の意思決定プロセスにおける分化と統合，新たな行為のバリエーションをつくり出すためのプロセスとして解釈した。そこから，当事者としての個人の観点から捉えた場合には，いったん習慣として形成された行為は，社会・文化的文脈の変容とともになくなってしまうのではなく，別の形式へと変容するととらえるのが妥当であることを明らかにした。第6章（研究3）と第7章（研究4）の研究を通して，複線径路・等至性モデルが特定の文化的状況にある個人の方向性・傾向性についての理論的予測と行為の相対化と変容過程の記述をするために有用であることが明らかになった。

以上が第4章から第7章までの研究のまとめである。本書では，一貫して化粧行為についてナラティヴ・アプローチを用いて調査協力者に化粧を語ってもらい，化粧行為を「私」としての主体的な観点からとらえた。そして，化粧行為を身体性に基づく宛先のある対話として「化粧で語る」行為を検討した。これは，本書は化粧研究のパラダイムの中で従来の女性を「化粧をされる者」という受動的な研究対象から，「化粧をする者」という能動的な行為者として扱う研究対象へと転換させたことを意味する。動的で主体的な存在としての女性を研究対象とすることにより，より現実場面に近い視点からの化粧研究が可能になった。

研究の結果をふまえ，続く第2節から第3節で，本書から得られた示唆について，化粧研究とナラティヴ心理学のそれぞれの観点に寄せて検討する。

まず第2節では，本書で実施した研究を通した化粧研究の課題に言及する。今後に向けた3つの課題として，調査協力者に関する課題，代替的な選択肢の検討に関する課題，縦断的な検討に関する課題をあげる。

第3節では，よそおいによる心理的支援の可能性を開くための重要な視点について言及する。その際，化粧と「やつし」の関係，化粧を意味の行為としてとらえ直すことの意義，化粧を支援として用いる際の留意点，ナラティヴ・セラピーの応用的展開の可能性について言及する。

第4節では，総括として，化粧を語る・化粧で語る意義について述べる。本書のナラティヴモデル，複数のナラティヴ分析を用いたことの意義と課題，そしてナラティヴとして化粧を捉えたことの意義について言及する。最後に，化粧研究の新たな展開に向けて対話的化粧という概念を提示し，「化粧で語る」ことの意義を再考する。

第2節　本書の研究を通した化粧研究の課題

本書の研究を通して得られた化粧研究への課題を3つあげる。それぞれ，調査協力者に関する課題，代替的選択肢の検討に関する課題，縦断的な検討の必要性に関する課題である。これらの課題は，私たち自身が生涯発達を通してかかわるよそおいの問題を全体として考えるために重要である。

1. 調査協力者に関する課題―化粧研究に資する知見に向けて

一般に，「化粧」は成人女性がその対象として想定されることが多い。実際にこれまで，化粧研究の主たる対象は「女性」とされてきた。また，先行研究においては，特にことわりのない限り，青年期以降の女性が研究の対象であった。本書でも青年期以降の女性に限定してインタビュー調査を実施した。

化粧研究の主たる対象が女性とされてきた理由は，おそらく男性は化粧をしないというトップダウン的なイメージが強いためだと考えられる。近代の男性の身体は，国家に奉仕する身体として位置づけられ，近年までよそおいを自己表現としてこなかった（石田，2005）ことがその理由とされる。しかし，歴史的にみれば，化粧行為の中心に男性が据えられていた時代もある（前田，2009）。

実際，近年は男性も化粧をするようになってきており，その行為に関しては，スキンケアやヘアメイク，眉の手入れを中心に，以前よりも多くの行為が実践されるようになってきた。また，男性の化粧への参入と女性の化粧品購入の頭打ちを背景に，大手の化粧品会社も男性用の高級な化粧品の販売に力を入れはじめている（平松，2009）。

男性の化粧を巡るこうした時流をとらえると，現代は，男性の化粧行為の転換期だといえるだろう。転換期にあるからこそ，「化粧で語る」側面，すなわち男性が化粧行為にどのような認識をもっているかという問いを当事者に投げかけることに意義が生まれる。「化粧を語る」ことそれ自体は容易ではないだろうが，男性の化粧そのものや語りからは，個人的な価値観と社会的な価値観の揺らぎの両方を見いだすことができるだろう。また，男性の化粧行為の検討と女性の化粧行為にまつわる先行研究を比較検討することで，女性の化粧行為を反照的にとらえることもできる。男女の化粧行為は生物学的にも互いに影響しあうといわれる。男性の化粧行為の変容と女性の化粧行為がいかにかかわっているか，相互に与える影響を検討することもできるだろう。

2. 代替的選択肢の検討に関する課題―ナラティヴ研究へ資する知見に向けて

化粧研究が成人女性を前提に進められてきたとはいえ，女性のなかには化粧をしない人もいる。化粧をしないことが直接的に，よそおわないことを意味するのではない。衣服をまとわない状態での外出が一般的にみとめられないように，現代の社会・文化的文脈を生きる存在としての個人がまったくよそおわない状態で生きていくことはかえって難しいだろう。それは，衣食住に共通の問題ともいえる。現代社会において，当たり前にあるべきことをしないあるいはできないことの意味が問い直されることに，多くの人は直面する。

では，化粧をしている人としていない人のよそおいの違いとは何だろう。それはよそおいの媒介として何を用いるかの違いにすぎないのではないだろうか。本書においても，第7章（研究4）の異文化参入に伴う化粧行為の変容プロセスのなかで，調査協力者が新たな化粧行為の選択をするまでの間に，化粧を一時的にしなくなる経緯が含まれていた。「価値観・意味の問い直し」の一連の過程が生じたのは，自文化のなかで形成し，実践していた化粧行為と，新たに

身を置く社会・文化的文脈における化粧行為の用い方もしくは選び方が異なったためだと考えられた。それは，社会文化的な文脈における対話の様式と媒介の用い方の違いを認識したために生じた過程である。本書で調査協力者は化粧行為を変容させることにより，自らの身体を新たな社会・文化的文脈の語りの様式に沿うように行為を変容させていた。この過程は，彼女たちが育った文化的背景から見たときには，オルタナティブな語りの様式に従った化粧行為の創出であったと理解できる。

このように理解した場合，化粧行為を選択し実行することが青年期以降の女性にとってのドミナントな語りとすれば，化粧行為をしない選択について考えることは，オルタナティブな語りの創出といえるだろう。

私たちの語る物語は世界の「自然な」あり方を語るものとなり，世界はそのようなものとなる。往々にして，この種の意味づけは信条，すなわち同様の現象を語る物語の標準となり，何が正しく，何が間違いであるかの判断の基準となっていく（Monk, Winslade, Crocket, & Epston, 1997；国重他訳, 2008）。ドミナントな存在の語りのみではなくマイノリティの存在に目を向けること。そして，それを理解し，価値体系の多様さを見出すことは，声なき対象に声をもたせるというナラティヴ研究の伝統的思想にもつながる。

オルタナティブな語りを扱うナラティヴ研究として，また，化粧研究の新たな地平を開く研究の課題として，化粧をしない人のよそおいの研究は今後検討すべき重要な課題の1つと考える。

3. 継時的な検討に関する課題――生涯発達研究へ資する知見に向けて

縦断的な検討に関する課題として生涯を通じて個人が化粧行為とどう向き合うかに焦点を当てた研究が肝要であることを指摘する。

本書では，青年期女性と中年期女性の化粧行為について比較検討を行い，発達に伴う自己のポジショニングと化粧行為の変容を明らかにした（第5章を参照）。阿部（2002）でも同様に，発達段階に応じて化粧行為の意味づけが変容すると述べられている。けれども，本書においても先行研究においても，一人の個人の化粧行為の変容を発達的経緯のなかでとらえられていない。発達心理学では，化粧のような社会的行為を発達の視点でとらえることはそもそも難し

第2節 本書の研究を通した化粧研究の課題

いといえる。これは文化心理学の視点が有効と主張する根拠でもある。

個人の発達的経緯のなかで，化粧行為をとらえることが重要と考える理由として，次の2点をあげる。1つは，本書のなかで繰り返し言及してきたように，化粧の捉え方は個人が身を置く社会・文化的文脈によって異なる。そのため，たとえば現在の20代の女性と現在の40代の女性では，時代背景や経験などから，化粧に対して異なる価値や意味づけをもっている可能性が高い。こうした文脈を抜きに発達的変容をとらえることはあまりに雑駁な現象把握である。

もう1つは，化粧行為は個人の生活や身体性に密にかかわる行為であるためである。女性の生活は，就職，結婚，出産のようなライフ・イベントを通して大きく変わる。日常的な自己のあり方やアイデンティティのあり方も，これに応じて変わる。これらは，移りゆく社会・文化的文脈と自己のポジショニングをいかに調整しているのかという問題につながる。さらに，身体性とのかかわりについて，成長の過程において，人の顔，外見には変化が伴う。加齢に伴う肌状態や容貌の変化といかに向き合うかという問題は，商業的なマーケティングのみでなく心理学の研究のなかでも心と身体を結びつける重要なテーマの1つだと考えられるが，心理学的には未だ十分に検討がなされていない。特に，化粧行為のような，身体との直接的な相互作用の経験は，変化しゆく自己の状態を当事者としての個人に意識させるきっかけとなる。また，化粧を通して身体性に基づいた，エイジングと個人の相互作用を検討することもできるだろう。こうした焦点のあて方は，自己と身体，社会・文化的文脈のあり方を検討しつつ，個人の生涯発達の様相をとらえるという点において，生涯発達研究にとっての重要な示唆をもたらすだろう。

なお，縦断的な検討を行う際にも，方法論としてはナラティヴの視点を採用することが望ましいと考えられる。それは，化粧行為の経験や意味づけが個人によって大きく異なるためである。高次の精神機能に基づく現象を扱う場合に，私たちの経験と，社会・文化的文脈の相互作用，自己の身体との向き合い方をつぶさに分析する研究の視点が必要である。

第3節　よそおいによる心理支援の可能性に向けて

1. 化粧と「やつし」

　本書では，一貫して化粧行為を自己と宛先の関係性に基づくものとみなし，社会・文化的文脈に応じて異なる化粧をすることが重要であることを強調して論じてきた。さて，化粧行為の本来的な機能に「やつし」を重視する立場がある（石田，1995）。「やつし」とは，「自分自身の身体的・空間的・社会的状態が変化するという意味」（石田，1995 p.120）である。やつしによって，心理状態を次の場の文脈に置くことが可能になる。本書と照らしあわせるなら，個人は化粧行為をうまく使い分けることで，心理的な移行を先取りし，次に身を置く心理状態をスイッチングする状態を人為的につくり出すことができるようになるといえ（第4章を参照），これがやつしのプロセスと考えてよいだろう。

　社会・文化的文脈に応じて化粧をうまく使い分けることは，自己と宛先との対話的関係を紡ぎだすことに繋がる。「一人で部屋の中に居る私」と「社会集団の成員としての私」「友人・恋人関係のなかの私」はそれぞれに異なるポジションにある自己である。それぞれの場において，どのような自己でありたいかを主体的に選び取り，化粧行為を使い分けていくこと，それを自覚的に実践することは，社会・文化的文脈における関係的な自己をつくり出してしていくために重要なスキルの1つである。

2. 化粧を意味の行為としてとらえ直すことの意義

　日常生活のなかで行う特定の行為をいったん取り入れると，その後は，その価値観が相対化される何らかのきっかけを得るまで無自覚的にその行為を続けるようになる。ブルデューとシャンボルドン（Bourdieu & Chamboredon, 1973；田原他訳，1994）は，これをハビトゥス（habitus）として説明した。ハビトゥスとは，態度，習慣などと近い意味を持つラテン語である。社会化過程のなかで習得され，身についた一定のものの見方，感じ方，ふるまい方などを持続的に産み出していく性向を指すことを示した概念である。いったんハビトゥスとして獲得された行動や認識は，環境の変化を経験した後も連続して私

たちの選択に影響を及ぼす。ハビトゥスは，ナラティヴ論にも導入されている概念であり，特定の個人のハビトゥスは個人にとっての傾向性となることが明らかにされている（第2章を参照）。

これに関連して，本書では，日本人の女子学生が日本文化に身を置いている間は，自分自身の化粧行為に疑問をもたないが，留学を経験し，異文化に身を置くことによって，化粧行為のあり方が相対化することや，もとの化粧行為の様式をもとに新たな化粧行為の様式をつくり出していることを明らかにした（第6章，第7章を参照）。習慣的な化粧のように私たちにいったん内化された行為は，その行為自体が根本的になくなってしまうという単純な問題になり得ない。これは，高次の機能精神機能がいったん確立されると，より低次の機能を規制しはじめ，自己組織化に貢献するようになるというヴァルシナー（Valsiner, 2004）の指摘につながる。では，日常においてどのように，化粧行為の価値観・意味を相対化するきっかけを得て，自分自身のあり方をみつめ直す視点を取り入れるべきだろうか。

3. 化粧を支援として位置づけるために

私たちは身体にかかわることについて，また，自身にとって当たり前になっている行為に関しては意識を怠りがちである。しかし，行為をいったん自分の外に置いて相対化し，意識化することで，自分自身の行為を省察するきっかけを得ることができる。省察は，化粧行為を新たに「意味の行為」として認識するきっかけをもたらすだろう。ここに筆者は化粧やよそおいを支援の一環として位置づけるための糸口があると期待している。

ただし，化粧行為には，次にあげるような否定的な視点と肯定的な視点の両価的な視点が含まれることに注意を払う必要がある。一方では，化粧行為は，父権的な文化の強制やジェンダーによる抑圧ととらえられることもある。もう一方で，女性としてのアイデンティティにおける喜びの表現としてとらえられることもある（Dellinger & Williams, 1997）。化粧行為の両価性は，現象としての化粧行為の構造を複雑にすることもあるし，化粧という現象を面白くすることもある。筆者は，個人を化粧行為に向かわせることを目的として研究を実施して来たのではなく，むしろ，自己と宛先の関係性を媒介する行為としての

化粧がいかに取り込まれ，それがどのように使用され，意味づけられているかという過程のあり方を明らかにしたいと考え研究を続けてきた。そのため，ここでは日常的に実践される化粧行為が個人にとって特別な（extraordinary）意味をもつ可能性を開き，それが場合によっては代替的によそおいに応用できることについて言及したい。

　化粧行為は，個人の社会・文化的文脈や，経験による志向性の差が大きいと考えられる。個に応じた支援を供給する際の1つの手段として考える場合には，よそおい全般を含んだ支援のなかに，化粧による支援を位置づける必要があるだろう。個に応じるとは，化粧行為を支援の一環として用いる際に，たとえば，メイクアップのみに限定せず，メイクアップをする習慣のない個人に対しては，スキンケアに時間をかけることを提案するなど，代替的手段を含んだ支援を行うといった工夫をすること。あるいは，より包括的に，化粧から服飾，髪形までを含むトータルな支援の観点を取り入れることである。

　顔は，身体のなかで最も注目が向けられやすい部分である。だからこそ魅力やメイクアップが意味づけられやすい。けれども，より重要なことは，化粧，服飾の選択や姿勢の矯正などのよそおいを通して，私たちが自分自身に向かい合うきっかけをもつことである。そのための複数の選択肢の1つとして，化粧による支援を位置づけることが必要である。

　化粧やよそおいは，一般には，暗黙のうちに自ずと取り込んでいく行為であり，正規教育における対象としては扱われていない。むしろ，学校の教育課程では多くの場合に化粧行為は禁止される。また，職場の規範など，社会・文化的文脈によって化粧の範囲が制限されることもある（Dellinger & Williams, 1997）。一方で，老人ホームや病院などのように，化粧行為が日常的に行われない場では，ケアとして化粧行為は積極的に取り入れられる（第1章参照）。フランスでは，病院で化粧をケアとして行うためのソシオ・エステティックという資格もあるほど（野澤，2004；マグダーノ，2010），化粧によるケアは社会一般にもみとめられている。日本でも，セラピー・メイクとして，医療・介護の現場で補助的に取り入れられつつある。本書を通して論じてきたように，理論的に化粧行為が自己との対話と位置づけられることからも化粧行為がケアとして成立する。また，すでに一般に受け入れられているという事実は化粧行為

が心理的支援として機能することは実践的な観点から明らかである。化粧によるよそおいの支援はそれ自体が意義深いと考えられる。ただし，現在の化粧を用いた支援が，次の2点において特殊な文脈のうえで実践されていることに留意しなければならない。1つは，化粧が基本的に生活のルーティンから切り離されてしまっている対象をケアの受け手としていること。もう1つは，ケアの提供者がケアの受け手がどこに向けてよそおうのか，つまり，宛先を十分に考慮していないことである。

筆者自身もデイサービスセンターで，化粧ボランティアをさせていただいた経験をもつ。ここには，「孫に会うから，そのためにマニキュアを塗ってほしい」など，毎回生き生きと語る女性がいた。他のケアの受け手が「おばあちゃん」と呼ばれていたのに対し，その女性は，ボランティアのスタッフからも「タナカさん（仮名）」とお名前で呼ばれていた。2週間に一度，私たちがボランティア活動でデイサービスセンターを訪れることをタナカさんは楽しみにしてくれ，やがては自発的に化粧を再開するようになっていた。

筆者自身はそのセンターにおいて多くの人の化粧を担当させてもらったが，他のデイサービスの利用者の方々とも対話を重視しながら，化粧をさせていただいていた。すると，ある女性は「こんなにきれいにしてもらったのははじめてです」と涙ながらに喜んでくださった。このようなエピソードからも，ケアの提供者がトップダウン的に思い描く「老人として美しい」化粧を施すよりも，対話的にその人自身を理解した上で，化粧もしくはよそおいを媒介に支援をすることがより重要であることが分かるだろう（より詳しい内容については，木戸（2013）を参照してほしい）。

日常の文脈に基づき，宛先をもつ行為として支援を展開する化粧やよそおい支援の観点を実現するために，次の2点を提案したい。第1に，より広いケアの受け手を対象として，支援を展開することである。多くの女性にとって，化粧行為は無自覚に取り入れられていることが本書から確認されている。今後は，一般の女性支援の一環として化粧やよそおいの支援も射程に入れるべきではないだろうか。第2に，ナラティヴ・セラピーの観点を，化粧やよそおい支援にも応用的に取り入れることである。この点については「化粧で語る」という本書の応用として重要だと考えられるため，次の項にて説明する。

4. ナラティヴ・セラピーの応用的展開

　ナラティヴ・セラピーでは，発話の様式を変えることにより自己の認識も変えることができるという立場に立ち，諸問題の解決を目指す。ナラティヴ・セラピーは，クライアントのエージェンシーに対する比喩として「語り」や「声」という語を当てはめる。そして，与えられた位置に受動的な受け手としてとどまっているクライアントが自分の声で語り，自分の問題に働きかけること，つまり，自らの声をもち自らを再定義することを目指す（Monk, Winslade, Crocket & Epston, 1997；国重他訳, 2008）。

　ここで提案している化粧やよそおいを心理的支援に結びつけるという考えも同様に，よそおいによる対話様式を変えることで個人の認識を変えて主体的な個のあり方を開いていく可能性を目指すものである。言語により行われていた対話を視覚的なよそおいを用いて行う対話へと変換する。この点において，よそおいによる心理支援は，ナラティヴ・セラピーの応用的展開として位置づけることができると考えられる。

　なお，よそおいを支援に結びつける際の対象としては，男性・女性のどちらをも想定することができる。しかし，ジャクソン（Jackson, 1992）が，身体魅力の研究を通して，男性よりも女性の方が身体的な問題に関心を向けやすいと示唆していることから，男性よりも女性への支援としてより直接的に結びつけやすいと考えられる。

第4節　化粧の語りをめぐって

1. ナラティヴモデルに基づく化粧行為の理解

　本書では，化粧行為を広義のナラティヴとして読み解いてきた。その際，化粧行為を「ナラティヴとしての化粧行為」と位置づけることにより，当事者としての個人と宛先の対話的相互作用の間に生成されるものととらえた（図8-1）。ここから，化粧行為の当事者と宛先の相互行為とナラティヴとしての化粧行為の生成を対話として読み解いた。

　ナラティヴとして化粧行為を位置づけたうえで，第4章（研究1）では，化粧行為が宛先となる他者と場所との関係性においてどのように使い分けられて

第4節　化粧の語りをめぐって　147

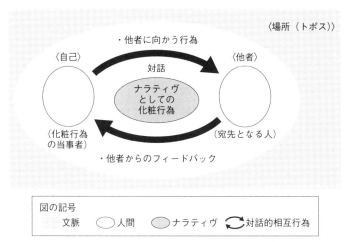

図 8-1　ナラティヴとしての化粧行為のイメージ

いるかを検討した。第 5 章（研究 2）では，当事者としての個人と宛先となる他者の関係が発達的に変容する経緯を捉えるために，調査協力者と当事者としての個人の生をともに生きる他者としてのパートナー（彼氏もしくは夫）との関係性を検討した。パートナーとの関係が親密になるにつれ，当初は外部ポジションに位置づけられていた他者の存在が内部ポジションへ移行する過程があることを明らかにした。そして，化粧行為がパートナーを含みこんだ自己と宛先の関係性へと変容していくこごと，化粧行為を発達的に捉えるにあたっては加齢による変容のみを捉えるのではなく，他者との関係性の変容を考慮した自己のポジショニングを含んだ形で捉える必要があることについて言及した。

つづいて，第 6 章（研究 3）では，化粧行為の形成過程をとらえることを目的として，化粧を認識して化粧行為の形成に至るまでの過程を社会・文化的文脈と当事者としての個人の相互作用のなかでとらえた。最後に，第 7 章（研究 4）では，異文化への移行に伴う社会・文化的文脈が変容することに伴う化粧行為の変容を検討した。

本書の現象をとらえる視点は，やまだ（2007a）の「ナラティヴ・物語（ストーリー）」の観点に立ち，「語られたストーリー」，つまり生成された「ナラティヴ」に焦点を当てるものである。そのため，分析の中心は図 8-2 の I の実

148　第8章　化粧を語る・化粧で語る

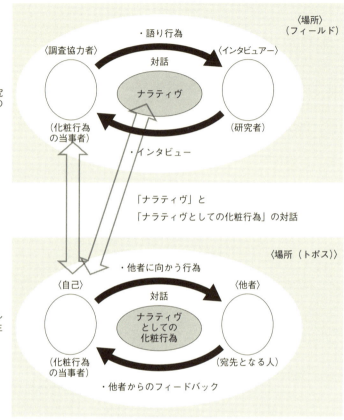

図8-2　多重のナラティヴ・レベルと現場（フィールド）の特徴
（やまだ，2007aを一部改編）

在レベル（当事者の人生の現場）と関係づけられ，「人生の経験」が時間をおいて，どのように語られ組織化されるかにある。本書のオリジナリティの1つは，通常，言語的な相互作用がなされるIの実在レベルでの対話を，非言語的な相互作用を通して捉えたことだといえる。

化粧行為は，本来的には言語化された行為ではない。本書の試みは，視覚的な対象を対話としてとらえる可能性を開いたという意味で新たなナラティヴ研究の展開につながるだろう。

　ただし，この点については留意すべきこともある。化粧行為は通常は言語を用いた語りを経ない非言語的なプロセスである。筆者は当初，第4章（研究1）と第5章（研究2）の調査協力者に，青年期の女子学生を想定していた。だが，青年期の女子学生へのインタビューからは，十分な語りを得ることができなかった。彼女たちは「化粧を語る」ための充分な語りをもちあわせてはいなかった。そのため，職業として美容行為を実践している美容職従事者に調査への協力を求めた。美容職従事者にとって，本書のインタビューにおける問いが，調査協力者にそれまで思いもしなかったことを考えさせ，また一度も口にしたことのない言葉の連なりを語らせ得るという可能性（遠藤，2006）があるかもしれない。そのため，何も語らない形での経験の組織化の可能性を蔑ろにしてしまうことのないよう，今後の研究や実践活動では十分に配慮する必要がある。得られたデータについても，観察データとのトライアンギュレーションを行うなどの配慮が必要である。

　留意が必要な一方で，本書が化粧研究にナラティヴ論の視点を導入し，対話性を検討したことの意義は大きい。本書の意義は，第1に，従来の化粧研究における対自‐対他の関係を，他者と場所(トポス)を含む自己‐宛先の関係へと拡張したことにある。その際，自己を固定的な存在とみなすのではなく，関係性のなかで創出される自己としてみなした。第2に，宛先となる社会・文化的文脈を，当事者としての個人がどのように認識しているかについて，化粧を媒介として読み解いた。そして第3に，ナラティヴとしての化粧行為および，インタビュー場面での語りが当事者としての個人に与える省察性を発展的に検討した。これらの3点をふまえて，本書から化粧にまつわる概念として，新たに関係性のなかでつくられる「対話的化粧（dialogical make-up）」という概念を提唱したい。

　以下では，はじめにナラティヴ分析の方法論的な問題として，複数のナラティヴ分析を用いたことの意義と限界に触れる。そして，対話的化粧がひらく新たな化粧心理学の可能性について言及する。

2. 複数のナラティヴ分析を用いた研究の意義と課題

　本書では，ナラティヴ分析を用いたインタビュー・データを異なる観点に基づいて分析するために，複数のモデル化の手法を用いた。第4章（研究1）と第5章（研究2）では，やまだ（2001）のモデル構成理論に基づく自己と宛先となる他者のバリエーションの分析と，宛先の場所による化粧プロセスの相違の分析を用いた。モデル構成理論に基づく分析は，自己と宛先となる他者の関係性のバリエーションを描き出すことを可能にした。宛先の場所による化粧プロセスの相違の分析は，化粧の程度と場所性（親密・近所・他所）の連関を描き出すことを可能にした。さらに，場所性に関しては，やまだ・山田（2006）の多重場所モデルを用いて，発展的に分析を行った。多重場所モデルは，当事者にとって社会・文化的文脈が多重に構成されていることを可視化した。そして，第6章（研究3）と第7章（研究4）では，ヴァルシナーとサトウ（2006）の複線径路・等至性モデル（TEM）を分析に用いた。複線径路・等至性モデル（TEM）は，社会・文化的文脈の関係性のなかでの当事者としての個人の化粧行為の選択と，それに影響する社会的諸力を描き出すことを可能にした。

　ナラティヴ分析の手法として使用したそれぞれの方法は，インタビュー・データの異なる側面に焦点化し，それを異なるレベルでのモデルとして呈示した。各々の研究においては触れてこなかったが，本研究の分析の観点は具体－抽象というモデル化のレベルと，過程－構造というモデル化の目的の2軸に基づく4象限に区分してとらえられる（図8-3）。複線径路・等至性モデルは抽象的過程を捉えるモデルである。ナラティヴモデル（自己と他者の関係性モデル）は抽象的構造をとらえるモデルである。多重場所モデルは具体的構造を捉えるモデルである。そして，ナラティヴモデル（化粧行為のプロセスモデル）は具体的過程を捉えるモデルである。

　この4象限に配置された分析手法は，それぞれの手法として独立に使用することも可能ではあるが，互いに組み合わせることでより深い現象の理解が可能になると期待できる。たとえば，複線径路・等至性モデルは抽象的過程を捉えるのに適している。これを，ナラティヴモデル（自己と他者の関係性モデル）と多重場所モデルと組みあわせて使用することで，個人の発達の過程のなかで，宛先に向ける行為を調整する場合に自己内対話がどのように行われてきたか，

第4節 化粧の語りをめぐって 151

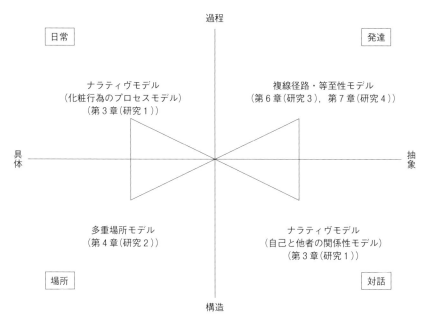

図8-3 日常的行為をとらえるための質的研究法のリボンモデル

そして場所性を含む社会的背景と共に変容してきたプロセスを明らかにすることができる。

　一方で，ナラティヴモデル（化粧行為のプロセスモデル）は具体的過程を捉えるのに適している。これをナラティヴモデル（自己と他者の関係性モデル）と多重場所モデルと組み合わせて使用することで，日常のある場面での化粧行為のなかで，誰が主な宛先となるのか，そして個人が日常生活のなかでどのような場を生きる存在なのかを明らかにすることができる。

　このように，1つのモデルからだけでは現象の背景の過程・構造が読み取りづらい場合に，異なる性質をもつ2つ以上のモデルを用いることで，現象の説明可能性が大きく拡充するだろう。本書ではこれを，4象限のなかで各手法が3項関係を結びあう構図の形状から，日常的行為をとらえるための質的研究法のリボンモデル（図8-3）とする。なお，リボンモデルという名前には，それぞれの質的研究法をゆるやかに結ぶという意味を含めている。

　日常的行為をとらえるための質的研究法のリボンモデルは，どの頂点に主た

る研究関心をもち研究を進めるかで，研究を通して言及すべき内容が変わるし，見えてくる対象も変わる。このモデルは，目的に応じてどのように分析方法の組み合わせが可能であるかという判断を助ける。質的研究初学者の人たちにとっても，どの質的研究法が自分自身の研究にとって必要になるかを示唆する有用なモデルとなると期待できる。

3. ナラティヴとして化粧をとらえたことの意義
(1) ナラティヴ的自己観の導入

　本書では，ナラティヴの考え方を導入することで，個人を対話的な生成過程の中に位置づけ直した。その際，従来の観点と区別するために，また，出来事に直面する存在としての個人を意識的にとらえるために「当事者としての個人」として個人を定義した。

　従来の心理学研究においては，個人を閉じられた存在とみなし，生態学的な場や他者との相互作用と切り離して考えてきた。化粧研究においても同様に，対自・対他的関係性を扱う場合，従来の心理学では個人と他者の関係性を固定的なものとして想定してきた。化粧研究の文脈でも，対人魅力や社会的スキルなどを指標とし，化粧行為をした際の他者からの評価や，他者から自己がどうみられているかを評価するというように，他者からの「評価」が重要視されてきた。また，「美しさの基準」も想定され，平均顔の研究，各年代の流行と美しさの研究などは，社会心理学領域を主体として，1990年代を中心に行われてきた。社会心理学では，対人関係や社会的スキルが前提になっているがゆえに，必然的に化粧やよそおいといった行為は，他者の存在が前提とされ，他者が眼前にいなければ化粧自体が行われないという想定さえされてきた。

　個人のあり方に関連して，近年の自己観は，社会構成主義やハーマンスの対話的自己論を中心として，自己をダイナミックで多面的に考える方向へと発展している。社会・文化的文脈と対話的に存在する複数の像としての自己を概念化することが重要となるのはこのためである。現在の社会的構成主義に基づく自己観では，ある人が何者であるかは，会話における一瞬一瞬の動きによって決まる（Gergen, 1999；東村訳, 2004）。エリクソンによるアイデンティティが確立するものであったのに対して，ハーマンスの対話的自己は常に流動的で変

幻自在である。複数の自己が分裂するのではなく統合を保つというので関係的な自己という場合もある（サトウ，2011）。このように，現代社会のなかで自己のあり方は，一つに固定されているのではない。自己は時間的・状況的文脈のなかで流動的な存在として位置づけられる。その場における行為もまた，関係性の文脈のなかで対話的に定義されていくと考えられる。

　そして，対話的な関係性は，相互に関連しあいながらも枝分かれした，相反する特徴さえもつような分権化された多数性を生み出す。自己の多数性は，登場人物としてのそれぞれのポジションについて，ストーリーを紡ぎだすことができる（Hermans & Kempen, 1999；溝上他訳，2006）。ナラティヴ的な自己観について矢野（2000）は次のように説明している。「自己とは，不動の同一性をもった実態ではなく，流動的で多様なコミュニケーションのプロセスです。しかし，自己はたんに流れる不安定で不定型なものでもありません。もし自己が不定形なら，自己というまとまりをもつことさえできなくなるでしょう。したがって，自己が自己というまとまり（自己の同一性）を保つためには，そのプロセスをまとめる枠組み，あるいは構造が必要になります。その構造によって，自己という世界や他者から境界づけられたシステムが可能となるのです。そのような構造は，なにより言葉によって象られています」（矢野，2000 p.254）。また，磯前・ガリモア（2009）は，バーバのナラティヴ観に基づき，主体性を強調するために次のような説明をしている。「ナラティヴとは，日常生活におこったことを自分なりに意味づけて生きる姿勢の事なのである。それは，人間関係の網の目のなかで，エージェントとして他者との交渉関係のなかで，みずからが他者にはたらきかけると同時に，他者からはたらきかけられ変容を余儀なくされる日常的関係のなかで機能するものである」（磯前・ガリモア，2009 p.244）。本書における当事者としての個人の視点は，発展的にとらえると，磯前・ガリモア（2009）が説明しているエージェンシーの概念に近い。その観点を取り込んだ理由は，人生の文脈のなかでの主体的選択を捉えることが，当事者としての個人をとらえ，心理学研究において個人の身体性という考え方を取り戻すことに直接的につながるからである。

　まとめると，ナラティヴ的な自己観は，自分自身の経験の組織化を通して，過去の私と現在の私，そして未来の私を見定める力を私自身に与える。マクア

ダムス（McAdams, 1993）が「ナラティヴのなかに自己の姿を「見出す」というよりもむしろ，ナラティヴを通して自己をつくる，もしくは創造するといった方がいいかもしれない」(p.13) と述べているように，ナラティヴ的自己は，動的で主体的，創造的な自己である。ナラティヴ的自己観は，社会・文化的文脈ともダイナミックにかかわりあうものである。

(2) 社会・文化的文脈をとらえることの意義

ここまでに，ナラティヴとしての自己観が，社会・文化的文脈と動的で主体的，創造的に関わる自己をとらえるために重要であることを述べた。では，私たち自身が能動的にかかわる社会・文化的文脈はどのように捉えられるだろうか。この問題に関しては，個人の行為を意味づける文化について考察する必要がある。化粧行為のような文化的に構成された現象は，あるがままにただ与えられたものではなく，私たち自身の長い歴史をかけた文化的洗練でつくられ，つくり変えられつつあるものであるからである（有元・岡部, 2008）。

これに関して，ペス（Peiss, 1998）が次のように指摘している。化粧が不安を高めたり，自信を失わせることもある。一方で，化粧を快と感じ，社会的なつながりを得ること，労働市場や社会生活が要求する魅力を素直に受けとめる者もいる。それらが欺きや犠牲の文化であることがフェミニズムなどによって言及されていたとしても，女性は自己呈示・自己認識の共通言語として成り立っている限りにおいて化粧を放棄しない。

魅力や化粧に関する価値観や経験は，社会・文化的文脈や歴史の変遷に応じて変容する。個人が直面する社会・文化的文脈をとらえる視点として，個人の行為の宛先性を他者と場所と結びつけながら検討していく必要があると筆者が主張しつづけるのは，以下の理由による。文化を習得するには，事物や事象に結晶化されている人びとの活動の特徴を，自己の活動において再現しなければならない，つまりそれは能動的な活動ではあるが，勝手気ままなものではなく，その対象に適合的なものでなければならないのである。そのような活動は，単にまわりの環境との一対一の直接的な交渉によって，すなわち事物や現象自体の影響によって可能になるのではないと考えられるためである（泉, 1978）。

ここで，留意する点として，次の2点をあげる。第1に，その社会・文化的

第4節 化粧の語りをめぐって 155

文脈が個人的な経験であることである。神谷（2010）は，次のように述べている。「私はその文化的文脈のなかで具体的個人としての私をめぐる文脈特殊性（より正確には文脈個別性）のなかで生きていることである。すなわち，「個別的な，ここで，今」生きている私である。したがって，少なくとも二重の文脈特殊性のなかに私は生きているのであって，その両者の文脈特殊性を貫いていく心理学的観点が発見されねばならないことは明らかである。そして，その観点がヴィゴツキーの理解する具体心理学のなかに，心理システム論のなかに含まれていることも，同じように明瞭であろう」（p.330）。

　第2に，移行を捉えることが重要な視点となることである。時間的・状況的文脈とは変遷し得るものである。そして，個人もまた，ナラティヴ的自己観で述べたように，動的な存在であり，生涯を通じて，文化・発達段階を移行していく。これに関して，本書では，次の3つの検討を行った。日常の生活の場と化粧プロセスの関連と自己と他者の関係性と化粧の関連を明らかにすること（第4章を参照），青年期女性と中年期女性のパートナーとの関係性と化粧行為の変容を発達的に検討すること（第5章を参照），異文化に身を置くことによる社会・文化的文脈の変容とそれに伴う化粧行為の変容を検討すること（第7章を参照）である。これらは，それぞれ生活の場の文脈の移行，発達的移行，文化移行として位置づけられる。移行は，場の文脈が当事者としての個人の眼前に立ち現れるきっかけをもたらし，同時に認識の変容・行為の変容をもたらす可能性をもつ。移行を通して個人の選択を検討することから，個人と化粧の関係性を明らかにする視点が芽生えてくると考えられる。

　では，社会や文化とはどのようなものとしてとらえられているのだろうか。

　従来の心理学では，文化を考える場合に，比較文化心理学の研究パラダイムにみられるような，個人が容器としての文化のなかに存在するという考え方が一般的であった。これは，文化を固定的で規定されたものとしてみなす見方である。社会・文化的アプローチでは，従来の文化の考え方とは異なり，個人が文化をもち，つくり出す存在であると考える。ヴァルシナー（2011）は，文化は個々人がもつものであり，社会や文化は，個々人の関係性のなかでつくられていくと述べている。その意味では，社会・文化的文脈もまた自己と同様に流動的で可変的だといえる。日常における微視発生的な移行と文化的な移行を組

み合わせて検討することは，特定の現象を通した社会と個人のかかわり，現象と個人のかかわりのダイナミクスをミクロとマクロの視点から複合的に見通すことができるようになるのではないだろうかとヴァルシナーは述べている。また，箕浦（1999）は，文化と人の関係をよりダイナミックな関係性としてとらえ，以下のように述べている。「新しい文化概念においては，文化は意味の流れとされ，個々人は，その生活経験や歴史，複数の社会集団（人種，性別，社会階層，年齢など）への帰属性など，そのポジションの取り方で多様な自己呈示をなし得る存在であることが認識されるようになった。アイデンティティは，自分に割り振られた差異のなかからその時々の状況に応じて戦略的に特定の差異を選び取ることで構築されるものとなった」。

このように，社会や文化もまた新たな人ともしくは社会，文化との出会いによって生成されていくダイナミックなものとしてとらえることができる。では，個人はどのように社会や文化によって方向づけられていくのだろうか。パクと茂呂（Park & Moro, 2006）によると，ヴィゴツキーは，子どもの発達が，前の世代によってつくり上げられたものを学ぶこと，存在する文化を再生産するのではなく，新たにつくり出すという一見矛盾する視点を有する。だが，ヴィゴツキーはこれらの視点の理論的な統合を進めることができなかった。ヴァルシナーは，ヴィゴツキーの子どもの発達の理論的な和解の探求を望み，双方向性の発達モデルを提案した。ヴァルシナーは，"社会的示唆(social suggestion)"について，個人を取り巻く文化的なウイルスのようなものであるとし，それらに挑むか，拒否するか，中和するか，単に受け入れるかといった活動的な反応をする存在として個人をとらえている。こうした活動を通して社会的示唆は，個人に内在化され，個人的意味へと変容し，拡張されていく。さらに，個人の意味づけは発展して，他者とのコミュニケーションのプロセスを通じて進化する。これらのコミュニケーションのプロセスはしばしばよく機能するし，問題に直面することもない。しかし，ほとんどの場合，個人的な意味付けは，既存の社会的示唆との葛藤，交渉，そして再交渉を通して形成され，浸透する。そして，最終的に新たな文化的形式を表出する。なお，社会的示唆に類似した概念としてワーチ（Wertsh, 1991；田島他訳，2004）の社会的ことば（social language）もあるが，本書ではヴァルシナーの社会的示唆（Valsiner, 2001）を個

人の選択をある方向に向かわせるものという意味としてとらえ，社会的方向づけ（social direction）として論じてきた。

社会的方向づけは社会・文化的文脈におけるマスター・ナラティヴを具体的な行為として取り入れる際の記号と位置づけられる。「青年期以降の女性は化粧をする」という現代の日本における一般的な考え方は，社会・文化的なマスター・ナラティヴに規定されたものである。ボーソレイユ（Beausoleil, 1994）は，化粧を纏うこと，化粧と魅力的になるための習慣を実践することにより，女性は喜びと創造性を経験する。さらに，女性は日常的な化粧と魅力的になるための習慣のなかで能力（competence）とスキルを発達させると述べている。本書でも，調査協力者が宛先となる場所の文脈と化粧の程度を調整しながら化粧行為を行っていること，宛先となる他者との関係性に応じて化粧による自己の調整を行っていることを明らかにした（第4章参照）。これらは，女性が社会・文化的文脈における要請を化粧行為に反映させていることを意味する。そして，ファッション雑誌，テレビなどのメディアやメディアによってつくり出される流行などの化粧行為を促進させる社会的方向づけは，化粧をしない選択肢をみえにくくさせているといえるだろう。

こうした傾向性がある一方で現在の私たちの身の周りでは，個人の多様なあり方が求められ，よそおいの選択肢が広がっているという現実がある。ファッション雑誌は，ファッションの志向性，年代などに応じて細分化される傾向にある。米澤（2008）は，社会学的な分析から化粧行為が「私探し」から「私遊び」へとシフトしたと述べている。なりたい自分に近づける，なりたい自分を選べる時代だからこそ，化粧行為を「するべきもの」という観点から，「私をつくる」ための選択肢の1つとして位置づけ，意識的に取り入れていく（もしくは，取り入れない）ことが重要になってくるのではないだろうか。このような視点をさらに発展させることで，特定の社会・文化的文脈の中での化粧という現象の意味づけや価値づけとパーソナリティの関係性に意味のある知見を産出することにつながると考えられる。これに関連してジトゥン（Zittoun, 2012）では，編み物のメタファーを用いて，主体的な存在として私たちは自己内対話と外部との対話，もしくは歴史的な接合を編み上げながら個性を形づくる存在であると説明している。私らしさを考える場合にも，自己内対話と社会文化的

文脈との対話と決して不可分にはならないし，それをとらえることによってこそ見えてくる個性の理解の仕方もあるだろう。

(3) 化粧行為がもたらす省察性

化粧が対話的につくられる「私」自身のあり方を外在化するために重要な役割を担うと考えられるのは，以下の理由に基づく。有元・岡部（2008）は，「自分が斉一的で連続的であるかどうか，それは自分のこころのことであっても放っておけば知覚できない。こころは，そのままでは自分のなかの不可視な複雑さである。そのあいまいさ，複雑さは，具体的な道具立てを用いて表象され，見て聞いて触れられるようなマテリアリティ（物質性）を与えられて，初めて取扱い可能になる」と指摘している。まさに調査協力者は，化粧というマテリアリティを媒介として，社会・文化的文脈を認識していた。そして，移行の必要性が生じた場合には，それが意識として再認識されていた。調査協力者によっては，「個人が生きている社会・文化システムと自分をどのような関係においてとらえるかを示す自己意識」（箕浦，1994）である文化的アイデンティティを取り戻すために化粧行為を行っていた。

自己と宛先の関係を日常生活の有機的な連関のなかでとらえる本書の試みは，時間的・状況的文脈を個人がいかに移行するかを明らかにしようと試みた研究として位置づけられると同時に，化粧による省察性（reflexivity）を論じた論文として位置づけられるだろう。

なぜならば，化粧行為は，個人にとって表面的な「変化」をもたらしていただけでなく，当事者としての個人の自己やパーソナリティのあり方自体を「変容」させていることが，本書から明らかになったためである。このような変容は，「省察」によって生じていると考えられる。「省察」は，自己の内面に向かう「反省」や，自己の内面を他者に開き，公共化していく循環運動を含む，対話的プロセスである。やまだ（2007a）は「対話的 省察性」という概念を用いて，解釈や結論を単一に集約するためではなく，省察プロセスそのものもナラティヴであることを強調している。そして，「同一性」「一貫性」を得るためではなく，自己の解釈を対話的に「公開し」「公共化」し，他者との対話プロセスが生成されることが重要であると述べている。そして，省察を他者に開く

ことで，時間・空間を超えた対話が可能になると述べている。

　こうした省察性を活かし，より主体的な私たち自身にとって重要な「私らしい」「自分語り」のための化粧行為を可能にするためには，今一度自己を「像」として捉える概念が問い直されるべきであると筆者は考える。化粧研究やよそおい研究のなかで「像」として自己を認識する仕方は，「自我像」のみではない。他に，ボディ・イメージ（身体像：body image）やセルフ・イメージ（自己像：self image）などがある。これらには，よそおいが確認させ，強化し，あるいは変える対象としての自己（神山，1996）という意味が含まれている。自己を「像」として捉える概念を問い直す際には，固定された1つの像として捉えるのではなく，時間的・状況的文脈との相互作用を通じて，対話的に変化する像という観点を考慮に入れる必要があるだろう。

　木村（2006）は，「自己とは決して最初から自己自身と自己同一的に一致しているものではない。自己は常に自己ならざるものを，自己にとっての否定的契機を自己存在の根拠とする」と述べている。仮に，他者の像が私たち自身にとって定まらない場合，私たち自身の自己の感覚は相互的に定まらなくなるだろう。私たちは他者との真正の出会いのなかで他者と結びつくことで，自己の感覚を認識することができ，同時に，自己を更新し，生成していくことができる。化粧は，当事者としての個人をこうした生成の過程に立ち会わせるための重要な行為であるといえる。

4．対話的化粧―化粧研究の新たな展開に向けて

　従来の心理学の研究においては，化粧行為やよそおいをとらえる際に，自己の外側からの視点から他者との関係性をとらえることが多かった。これは，外見を通した評価が中心とされ，見る－見られる相互作用の視点が欠けていたことを示している。たとえば，アメリカでは服装を手掛かりとしたパーソナリティ認知の研究が行われており，ある服装からある特定のパーソリティが推測されていることが見いだされている。これに対して，杉山・小林（1992）は，見る－見られる関係性を研究の視野に入れることの重要性を指摘している。杉山・小林（1992）の研究では，見る－見られる関係性の構造が基本に据えられており，見る側のパーソナリティ特性の違いによって見られる対象となる人物の服

装イメージから推測されるパーソナリティにも違いがみとめられている。杉山・小林（1992）の研究もまた，見る側の視点に基づくものはあるものの，自己-対象（主として他者）の相互作用を視野に入れることで研究の結果が異なるものとなる可能性を示唆している。

　猪俣（2005）は，織物のあり方を例にあげて，「人間の登場から常にその傍らにあり，さまざまの民族と時代を超えて広がり，人間の活動の一部であり人間の持ち物であり続けた事物は，いかなるものであれ必ず本質的な「意味体験」をその中に携えている。たとえそれが現代では秘められ見過ごされているとしても，それはいつも私たちの魂の本質と関わる。（中略）その多様な意味体験は現代の日常の平板化した現実の下でさえ，さまざまに息づいている」（p.226）と述べている。猪俣（2005）が内実において無にされることはなく，ただ目に映るような体験様式から抜け落ちていくと表現した織物のあり方は，ナラティヴのあり方とも化粧のあり方とも重なる。

　ナラティヴとは「語り」である。語りは記号によって伝えられる。そして語りには「宛先」が必要である。ヴィゴツキーは，心理的道具と媒介の重要性を説いた。人間は，道具・言語・記号を利用することによって，利用しない場合よりもはるかに効率よくその行動を行うことができるようになる（高取, 2009）。ナラティヴとしての化粧行為やよそおいの語りもまた，人と宛先をつなぐ媒介の役割を担っていると考えられる。このことの重要性は，今後さらに問い直されるべきだろう。このような考察をもとに，本書の最後に「対話的化粧」という概念を提唱したい。対話的化粧とは，不断の相互作用のなかで繰り広げられる関係性を媒介するナラティヴとしての化粧のことである。

　ナラティヴの重要性は，近年大きく見直されることになった。心理学の研究の発展を顧みても，ただ，振り返られることもなく放置されている日常の何気ない現象を丁寧に読み解き，意味の行為の核心に迫る研究の視点が，今後ますます求められるようになってくるだろう。化粧は，女性にとって欠くことのできない構成要素の1つでありアイデンティティの指標である（Peiss, 1990）。化粧行為はこれまで学術的なテーマとしてみなされることは少なく，仮に学術的なテーマとして取り扱われる場合にも—心理学における化粧研究では—化粧を美や魅力，積極的な対人的効用を得るものとして扱ってきた。しかし，「化

粧を語る・化粧で語る」の本書にて提唱する対話的化粧という概念を用いることで，化粧行為が多分に心理的な側面を反映しており，私たち自身の心理的移行の支援に有用であることを認識できるようになるだろう。それは，対話的化粧が自己を形成し，強化し，あるいは変容させる可能性を秘めた，自己と宛先の媒介となり得るからであり，それが化粧行為の本質的な役割であるからである。

付　記

　本書は，2012 年度に京都大学博士（教育学）論文として提出した「化粧行為のナラティヴ分析—社会・文化的文脈における関係性をめぐって—」に修正を加え，構成し直した書籍である。刊行にあたり，本書は平成 25 年度立命館大学学術図書出版推進プログラムの助成を受けた。

　以下に本書に関連する私の論文を掲載する。論文では，それぞれの観点がより詳細にまとめられている。また，ここには本書との関連から 2012 年度に学位をいただいて以降に書きあげた論文や書籍情報も掲載している。

木戸彩恵（2007）．化粧行為を構成する文化—社会・文化的アプローチの視点から　教育方法の探求（京都大学大学院教育学研究科教育方法学講座），**10**，57-64．
木戸彩恵（2009）．化粧行為にみられる自己—他者間の対話的関係性への考察　京都大学教育学研究科紀要，**55**，365-375．
木戸彩恵（2010）．ナラティヴとしてのよそおい—他者と場所の対話的関係性の検討—　京都大学教育学研究科紀要，**56**，333-344．
木戸彩恵（2011）．異なる文化的状況に属する青年期日本人女子学生の化粧行為—日本と米国でのインタビュー調査の質的分析—　質的心理学研究，**10**，79-96．
木戸彩恵・やまだようこ（2013）．ナラティヴとしての女性の化粧行為—対話的場所（トポス）と宛先　パーソナリティ心理学研究，**21**，244-253．
木戸彩恵(2012)．在米留日本人学生が日常的化粧をしなくなる移行プロセス　安田裕子・サトウタツヤ（編）　TEM でわかる，人生の径路　質的研究の新展開　誠信書房　pp. 148-161．
木戸彩恵（2012）．文化心理学：文化の違いと異文化変容　サトウタツヤ・若林　宏輔・木戸彩恵（編）　社会と向き合う心理学　新曜社　pp. 33-45．
木戸彩恵（2012）．化粧による心理支援へのナラティヴ・プラクティスの応用的展開の可能性　日本顔学会誌，**12**，65-72．
木戸彩恵（2015）．ナラティヴ・アプローチによる化粧行為の分析　フレグランスジャーナル，**42**，19-24．

引用文献

阿部恒之 (1994). 化粧する心を探る――「化粧心理学」からの新しい視点　フレグランスジャーナル, **22**, 68-74.
阿部恒之 (2001). 化粧の心理学・概観と展望　フレグランスジャーナル, **29**, 41-44.
阿部恒之 (2002). ストレスと化粧の社会生理心理学　フレグランスジャーナル社
阿部恒之 (2008). 化粧　二木鋭雄 (編) ストレスの健康と科学　共立出版　pp. 189-193.
有元典文・岡部大介 (2008). デザインド・リアリティ――半径300メートルの文化心理学　北樹出版
馬場安希 (1997). 女性役割としての美・従順の葛藤構造　性格心理学研究, **6**, 69-70.
Bakhtin, M. M. (1981). *The dialogic imagination: Four essays*. In C. M. Holquist (Ed.), C. Emerson & M. Holquist (trs.) Austin, TX: University of Texas Press.
Bakhtin, M. M. (1986). *Speech genres and other late essays*. In C. Emerson & M. Holquist (Eds.), V. W. McGee (trs.) Austin, TX: University of Texas Press. (バフチン, M. 新谷敬三郎・佐々木　寛・伊東一郎 (訳) (1988). ことば　対話　テキスト (ミハイル・バフチン著作集8) 新時代社)
Baltes, P., Staudinger, M., & Lindenberger, U. (1999). Lifespan psychology: Theory and application to intellectual functioning. *Annual Reviews*, **50**, 471-507.
Beausoleil, N. (1994). Makeup in everyday life: An inquiry into the practices of urban American women of diverse backgrounds. In N. Sault (Ed.), *Many mirrors: Body image and social relations*. New Brunswick, NJ: Rutgers University Press. pp. 33-57.
Bhabha, H. K. (2009). 磯前順一・Gallimore, D. (訳) (2009). ナラティヴの権利――戸惑いの生へ向けて　みすず書房
Bredo, E. (1994). Reconstructing educational psychology: Situated cognition and Deweyian pragmatim. *Educational Psychologist*, **29**, 23-35.
Bertalanffy, L. (1968). *General system theory: Foundations, development, applications*. New York: George Braziller. (ベルタランフィ, L. 長野　敬・太田邦昌 (訳) (1973). 一般システム理論――その基礎・発展・応用　みすず書房)
Bourdieu, P., & Chamboredon, J. (1973). *Le métier de sociologue*. Paris: Mouton Editeur. (ブルデュー, P., & シャンボルドン, J. 田原音和・水島和則 (訳) (1994). 社会学者のメチエ――認識論上の前提条件　藤原書店)
Bronfenbrenner, U. (1970). *The ecology of human development: Experiments by nature and design*. Harvard: The president and Fellows of Harvard College. (ブロンフェンブレナー, U. 磯貝芳郎・福富　護 (訳) (1996). 人間発達の生態学　川島書店)
Bruner, J. S. (1986). *Actual minds, possible world*. Cambridge, MA: Harvard University Press. (ブルーナー, J. S. 田中一彦 (訳) (1998). 可能世界の心理　みすず書房)
Bruner, J. S. (1990). *Acts of meaning*. Cambridge, MA: Harvard University Press. (ブルーナー, J. S. 岡本夏木・仲渡一美・吉村啓子 (訳) (1999). 意味の復権――フォークサイコロジーに向けて　ミネルヴァ書房)

Bruner, J. S.(2002). *La fabbrica delle storie*. Roma: Gius, Laterza & Eula, a Literary Agency.(ブルーナー,J. S. 岡本夏木・吉村啓子・添田久美子(訳)(2007). ストーリーの心理学――法・文学・生をむすぶ ミネルヴァ書房)

Cash, T., Dawson, K., Davis, P., Bowen. M., & Galmbeck, C.(1989). Effects of cosmetics use on the physical attractiveness and body image of American college women. *The Journal of Social Psychology*, **129**, 349–355.

Clancey, W. J.(1995). Practice cannot be reduced to theory: Knowledge, representations, and change in the workplace. In S. Bagnara, C. Zuccermaglio, & S. Stukey(Eds.), *Organization learning and technological change*. Berlin : Springer-Verlag. pp. 16–46.

Clark, K., & Holquist, M.(1984). *Mikhail Bakhtin*. Cambridge, MA : Belknap Press of Harvard University Press.

Crossley, M.(2000). *Introducing narrative psychology: Self, trauma and the construction of meaning*. Milton Keynes, UK: Open University Press.(クロスリー,M. 角山富雄・田中勝博(訳)(2009). ナラティヴ心理学セミナー――自己・トラウマ・意味の構築 金剛出版)

大坊郁夫(1996). 被服と化粧の社会心理学――人はなぜ装うのか 北大路書房

大坊郁夫(1997). 魅力の心理学 ポーラ文化研究所

大坊郁夫(2001). 化粧行動の社会心理学――化粧する人間のこころと行動 北大路書房

大坊郁夫(2004). 粧うことと癒すこと 心の科学,**117**, 73–78.

大坊郁夫・村澤博人・趙 鏞珍(1994). 魅力的な顔と美的感情――日本と韓国における女性の顔の美意識の比較―― 感情心理学研究,**1**, 101–123.

大坊郁夫・高木 修(1994). 化粧行動の社会心理学――化粧する人間のこころと行動(シリーズ 21 世紀の社会心理学) 北大路書房

Daniels, H.(2008). Situated action and communities of practice. In H. Danniels, *Vygotsky and research*. New York: Routledge. pp. 91–114.

Dellinger, K., & Williams, C. L.(1997). Makeup at work: Negotiating appearance rules in the workplace. *Gender & Society*, **11**, 151–177.

電子政府(2015). 薬事法〈http://law.e-gov.go.jp/〉(情報取得 2015/3/10)

遠藤利彦(2006). 質的研究と語りをめぐるいくつかの雑感 能智正博(編)〈語り〉と出会う――質的研究の新たな展開に向けて ミネルヴァ書房 pp. 191–135.

Flick, U.(1995). *Qualitative forschung*. Humburg: Rowohlt Taschenbuch Verlag GmbH.(フリック,U. 小田博志・山本則子・春日 常・宮地尚子(訳)(2002). 質的研究入門――〈人間の科学〉のための方法論 春秋社)

Frank, A. W.(2010). *Letting stories breathe: A socio-narratology*. Chicago, IL: The University of Chicago Press.

藤井誠二(1991). 校則にみる「らしさ」 化粧文化,**24**, 47–54.

藤林真美・斎藤雅人・大田香織・松本珠希・森谷敏夫(2008). 自律神経活動を指標としたコスメティック・フェイシャルマスクの心身リラクセーション効果 日本女性心身医学会雑誌,**13**, 86–93.

藤原康晴(2007). 被服とコミュニケーション――ファッションかしきたりか 大橋理枝・根橋玲子(編) コミュニケーション論序説 放送大学教育振興会 pp. 57–69.

文野 洋(2011). 体験から環境を学ぶ 茂呂雄二・田島充士・城間祥子(編) 社会と

文化の心理学——ヴィゴツキーに学ぶ　世界思想社　pp. 175-189.
Gergen, K. J. (1999). *An invitation to social construction*. London: Sage（ガーゲン，K. J.　東村知子（訳）(2004)．あなたへの社会構成主義　ナカニシヤ出版）
Glaser, B. G., & Strauss, A. L. (1967). *Discovery of grounded theory: Strategies for qualitative research*. Chicago, IL: Aldine Publishing Company.（グレイザー，B. G., & ストラウス，A. L.　後藤　隆・水野節夫・大出春江（訳）(1996)．データ対話型理論の発見——調査からいかに理論をうみだすか　新曜社）
Graham, J. A., & Klingman, A. M. (Eds.) (1985). *The psychology of cosmetic treatments*. New York: Prager.（グラハム，J. A., & クリングマン，A. M.　早川律子（訳）(1988)．化粧の心理学　週刊粧業）
春木　豊（編著）(2002)．身体心理学——姿勢・表情などからの心へのパラダイム　川島書店
Hermans, H. J. M., & Kempen, H. J. G. (1993). *The dialogical self: Meaning as movement*. London: Academic Press.（ハーマンス，H. J. M., & ケンペン，H. J. G.　溝上慎一・水間玲子・森岡正芳（訳）(2006)．対話的自己——デカルト／ジェームズ／ミードを超えて　新曜社）
Hermn, D., Jahn, M., & Ryan, M, L. (2005). *Routledge encyclopedia of narrative theory*. New York: Routledge.
平松隆円 (2009)．化粧にみる日本文化——だれのためによそおうのか？　水曜社
Holquist, M., & Emerson, C. (1981). *Glossary for the dialogic imagination: Four essays by M. M. Bakhtin*. In M. Holquist (Ed.), C. Emerson & M. Holquist (trs.) Austin: University of Texas Press.
細江達郎 (2011)．社会の時間　日本発達心理学会（編）　発達科学ハンドブック 3　時間と人間　新曜社　pp. 174-195.
五十嵐　茂 (2008)．バフチンの対話理論と編集の思想　質的心理学研究，**7**，78-95.
猪俣　剛 (2005)．心理学の時間——歴史意識の時代の中で　日本評論社
伊波和恵 (2010)．認知症——化粧アクティビティでオムツが取れるなどの大きな効果　資生堂ビューティーソリューション開発センター（編）　化粧セラピー：心と身体を元気にする新しいちから　日経 BP 社　pp. 73-86.
磯前順一・Gallimore, D. (2009)．訳者解題　Bhabha, H. K.　磯前順一・Gallimore, D. (訳) (2009)．ナラティヴの権利——戸惑いの生へ向けて　みすず書房
石田かおり (1995)．現象学的化粧論——おしゃれの哲学　理想社
石田かおり (2005)．岐路に立つメトロセクシャル——現在の男性の化粧表現に見られる問題点と解決策　駒沢女子大学研究紀要，**12**，1-13.
石田かおり (2010)．人間にとっての化粧の意味とは？　資生堂ビューティーソリューション開発センター（編）　化粧セラピー：心と身体を元気にする新しいちから　日経 BP 社　pp. 33-42.
石井政之・石田かおり (2005)．「見た目」依存の時代——「美」という抑圧が階層化社会に拍車を掛ける　原書房
伊藤　崇 (2011)．「他者」の条件——ヴィゴツキーの美的反応理論から　茂呂雄二・田島充士・城間祥子（編）　社会と文化の心理学——ヴィゴツキーに学ぶ　世界思想社　pp. 15-31.

岩脇三良（1993）．性役割固定観念の比較文化心理学　昭和女子大学女性文化研究所紀要，**14**，3-11．
泉　千勢（1978）．乳幼児の発達過程に関する考察——発達の源泉と原動力，発達段階の検討　社会問題研究，**28**，133-159．
Jackson, L. A. (1992). *Physical appearance and gender: Sociobiological and sociocultural perspectives*. New York: State University of New York Press.
Jacob, C., Gueguen, N., Boulbry, G., & Ardiccioni, R. (2010). Waitresses' facial cosmetics and tipping: A field experiment. *International Journal of Hospitality Management*, **29**, 188-190.
Jeffereys, S. (2005). The grip of culture on the body: Beauty practices as women's agency or women's subordination. In S. Jeffereys, *Beauty and misogyny: Harmful cultural practices in the West*. New York: Routledge. pp. 5-27.
神谷栄司（2010）．未完のヴィゴツキー理論——甦る心理学のスピノザ——　三学出版
神山　進（1994）．記号としての服装　木下富雄・吉田民人（編）　経営産業心理学パースペクティブ　誠信書房　pp. 189-222．
神山　進（1996）．被服心理学の動向　高木　修（監）　被服と化粧の社会心理学——人はなぜ装うのか　北大路書房　pp. 2-27．
柏木恵子（1974）．青年期における性役割の認知（Ⅲ）　教育心理学研究，**22**，205-215．
加藤由有・小松美砂・濱畑章子（2005）．老人保健施設で化粧療法を受けた高齢女性の化粧への考えと感情の変化　看護技術，**51**，905-908．
木戸彩恵（2007）．化粧行為を構成する文化——社会・文化的アプローチの視点から　教育方法の探求（京都大学大学院教育学研究科教育方法学講座），**10**，57-64．
木戸彩恵（2009）．化粧行為にみられる自己——他者間の対話的関係性への考察　京都大学教育学研究科紀要，**55**，365-375．
木戸彩恵（2010）．よそおう行為と場の文脈の関連の検討　京都大学教育学研究科紀要，**56**，333-344．
木戸彩恵（2011）．日米での日本人女子大学生の化粧行為の形成と変容——文化の影響の視点から　質的心理学研究，**10**，79-96．
木戸彩恵・サトウタツヤ（2004）．化粧における性格特性の影響——女子大学生および女子短期大学生の化粧意識とその実際　定性的研究の実際（104）第68回日本心理学会発表論文集，3．
木戸彩恵・サトウタツヤ・佐々木喜美子・吉井　隆（2006）．生活充実感と肌状態の関わりの検討（**1**）——肌生理指標と質問紙調査の検討から　日本心理学会第70回大会発表論文集，247．
木村　敏（2006）．自己・あいだ・時間——現象学的精神病理論　筑摩書房
久下　司（1970）．化粧（ものと人間の文化史4）　法政大学出版局
黒田暁子・池見香織・松井美帆（2009）．高齢者に対する化粧教室の心理・社会的効果　*Hospice and Home Care*, **17**, 6-9.
小嶋秀夫（1995）．人間の育ちと社会・文化　三宅和夫（編）　子どもの発達と社会・文化　日本放送出版協会　pp. 125-160．
Lave, J. (1988). *Cognition in practice: Mind, mathematics and culture in everyday life*. Cambridge, UK: Cambridge University Press.

Levinson, D. J. (1978). *The seasons of a man's life*. New York: Knopf. (レビンソン, D. J. 南 博 (訳) (1992). ライフサイクルの心理学 (上)・(下) 講談社)
Mack, D., & Rainey, D. (1990). Female applicants' grooming and personnel selection. *Journal of Social Behavior and Personality*, **5**, 399-407.
前田和男 (2009). 男はなぜ化粧をしたがるのか 集英社
マグダーノ, T. M. (2010). フランス事例——フランスのソシオ・エステティック 資生堂ビューティーソリューション開発センター (編) 化粧セラピー——心と体を元気にする新しいちから 日経BP社 pp. 234-236.
Matusov, E. (2011). Irreconcilable differences in Vygotsky's and Bakhtin's approaches to the social and the individual: An educational perspective. *Culture & Psychology*, **17**, 99-119.
McAdams, D. (1993). *The stories we live by: Personal myths and the making of the self*. New York: Morrow.
McAdams, D., Hart, H. M., & Maruna, S. (1998). The anatomy of generativity. In D. McAdams & D. S. Aubin (Eds.), *Generativity and adult development: How and why we care for the next generation*. Washington, D.C.: American Psychology Asossiation. pp. 7-43.
McAdams, D., & Olson, B. (2010). Personality development: Continuity and change over the life course. *Annual Review of Psycology*, **61**, 517-542.
Miller, L. C., & Cox, C. L. (1982). For appearance's sake: Public self-consciousness and makeup use. *Personality and Social Psychology Bulletin*, **8**, 748-751.
箕浦康子 (1994). 異文化で育つ子どもたちの文化的アイデンティティ 教育学研究, **61**, 213-221.
箕浦康子 (1999a). フィールドワークと解釈的アプローチ 箕浦康子 (編) フィールドワークの技法と実際——マイクロ・エスノグラフィー入門 ミネルヴァ書房 pp. 2-20.
箕浦康子 (1999b). エスノグラフィーの作成 箕浦康子 (編) フィールドワークの技法と実際——マイクロ・エスノグラフィー入門 ミネルヴァ書房 pp. 71-86.
溝上慎一 (2008). 自己形成の心理学——他者の森をかけ抜けて自己になる 世界思想社
村澤博人 (1992). 顔の文化史 東京書籍
Monk, G., Winslade, J., Crocket, K., & Epston, D. (Eds.) (1997). *Narrative therapy in practice: The archaeology of hope*. San Francisco: Jone Wiley & Sons. (モンク, M., ウィンズレイド, J., クロケット, K., & エプストン, D. 国重浩一・バーナード紫 (訳) (2008). ナラティヴ・アプローチの理論から実践まで——希望を掘りあてる考古学 北大路書房)
森 直久 (2009). 第一期TEM完成, その後 サトウタツヤ (編) TEMではじめる質的研究——時間とプロセスを扱う研究を目指して 誠信書房 pp. 75-91.
森田京子 (2004). アイデンティティー・ポリティックスとサバイバル戦略 質的心理学研究, **3**, 6-27.
Morioka, M. (2008). Voice of the self in the therapeutic chronotope: Utushi and ma. *International Journal of Dialogical Science*, **3**, 93-108.
Nash, R., Frieldman, G., Hussey, T., Leveque, J., & Pineau, P. (2006). Cosmetics: They influence more than Caucasian female facial attractiveness. *Journal of Applied*

Social Psychology, **36**, 493-504.
西倉実希（2006）．当事者主体のカムフラージュメイク・サービスのために——顔にアザのある女性の経験に注目して　フレグランスジャーナル，**34**，49-54.
日本能率協会総合研究所マーケティングデータバンク（2003）．子ども用化粧品に関する調査報告書　MDB ネットサーベイ
能智正博（2006）．"語り"と"ナラティヴ"のあいだ　能智正博（編）〈語り〉と出会う——質的研究の新たな展開に向けて　ミネルヴァ書房　pp.12-72.
野澤桂子（2004）．治療の場における美容——ソシオエステティックの心理的効用　こころの科学，**117**，63-67.
野嶋栄一郎（2001）．心理学のメタ・グラウンド理論　中島義明（編）現代心理学［理論］事典　朝倉書店　pp.37-58.
大渕律子（1989）．老人のための身だしなみ　看護 Mook，**32**，110-114.
大森荘蔵（1992）．時間と自我　青土社
呉　宣児（2004）．知り合いをインフォーマントにする——特徴と限界　無藤　隆・やまだようこ・南　博文・麻生　武・サトウタツヤ（編）質的心理学——創造的に活用するコツ　新曜社　pp.126-131.
Park, D., & Moro, Y.（2006）. Dynamics of situation definition. *Mind, Culture, and Activity*, **13**, 101-129.
朴　東燮・茂呂雄二（2007）．バフチンの対話性概念による社会心理研究の拡張　実験社会心理学研究，**46**，146-161.
Paquet, D.（1997）. *Miroir, mon beau miroir: Une histoire de la beauté*. Paris: Gallimard.（パケ，D．石井美樹子（監修）・木村恵一（訳）（1999）．美女の歴史——美容術と化粧術の 5000 年史　創元社）
Peiss, K.（1998）. Everyday cosmetic practices. In K. Peiss, *Hope in a jar : The making of America's beauty culture*. Canada : Fitzthenry and Whiteside. pp.167-202.
Riessman, C. K.（2008）. *Narrative methods for the human sciences*. Sage.（大久保功子・宮坂道大（監訳）（2014）．人間科学のためのナラティヴ研究法　クオリティケア）
Rudd, N. A.（1999）. Cosmetics consumption and use among women : Ritualized activities that construct and transform the self. *Journal of Ritual Studies*, **11**, 59-77.
Sadker, M., & Sadker, D.（1994）. *Failing at fairness : How our schools cheat girls*. New York : Leap First Literary Agency.（サドカー，M., & サドカー，D．川合あさ子（訳）（1996）．「女の子」は学校でつくられる　時事通信社）
サトウタツヤ（2009）．HSS の発祥と TEM との融合　サトウタツヤ（編）TEM ではじめる質的研究——時間とプロセスを扱う研究を目指して　誠信書房　pp.33-54.
サトウタツヤ（2009）．時　文化　厚生　サトウタツヤ（編）TEM ではじめる質的研究——時間とプロセスを扱う研究を目指して　誠信書房　pp.185-200.
サトウタツヤ（2011）．心の発達と歴史　日本発達心理学会（編）発達科学ハンドブック 3　時間と人間　新曜社　pp.34-48.
サトウタツヤ・安田裕子・木戸彩恵・高田沙織・ヴァルシナー，J.（2006）．質的研究を豊かにする技法としての複線径路・等至性モデル　質的心理学研究，**5**，255-275.
Sato, T., Yasuda, Y., Kido, A., Arakawa, A., Mizoguchi, H., & Valsiner, J.（2007）. Sampling Reconsidered: Personal histories in the making as cultural constructions.

In J. Valsiner & A. Rosa (Eds.), *Cambridge handbook of socio-cultural psychology*. New York: Cambridge University Press. pp. 82-106.

Shotter, J., & Billing, M. (1998). A Baktinian psychology: From out of the heads of individuals and into the dialogues between them. In M. M. Bell & M. Gardiner (Eds.), *Bakhtin and the human sciences*. London: Sage. pp. 13-29.

白井利明 (2011). 自己と時間 日本発達心理学会（編） 発達科学ハンドブック 3 時間と人間 新曜社 pp. 196-208.

杉山真理・小林茂雄 (1992). 見る側のパーソナリティと服装イメージによる見られる側のパーソナリティの想定 繊維機械学会誌, **45**, 75-83.

Stone, G. P. (1962). Appearance and the self. In A. Rose (Eds.), *Human behavior and social process*. New York: Routledge & Kegan Paul. pp. 86-118.

資生堂ビューティーサイエンス研究所 (1993). 化粧心理学――化粧と心のサイエンス フレグランスジャーナル社

資生堂ビューティーソリューション開発センター（編）(2010). 化粧セラピー――心と体を元気にする新しいちから 日経 BP 社

菅千帆子 (2004) メイクアップの心理的・生理的効果――免疫力を高めるメイクの力 こころの科学, **117**, 58-62.

Synnott, A. (1990). Truth and goodness, mirrors and masks--part Ⅰ: A sociology of beauty and the face. *British Journal of Sociology*, **40**, 607-636.

田垣正晋 (2007). 中途肢体障害者における「障害の意味」の生涯発達的変化――脊髄損傷者が語るライフストーリーから ナカニシヤ出版

高木光太郎 (2008). ヴィゴツキー理論の可能性と実践の人類学 田島信元（編）文化心理学 朝倉書店 pp. 18-36.

高取憲一郎 (2009). 社会と心――新ヴィゴツキー派の視点 三学出版

田辺繁治 (2003). 生き方の人類学――実践とは何か 講談社

都筑 学 (2004). 倫理的に配慮する――研究協力者との関係のあり方 無藤 隆・やまだようこ・南 博文・麻生 武・サトウタツヤ（編） 質的心理学――創造的に活用するコツ 新曜社 pp. 233-239.

當眞千賀子 (1997). 社会文化的，歴史的営みとしての談話 茂呂雄二（編） 対話と知――談話の認知科学入門 新曜社 pp. 151-174.

宇山侊男・鈴木ゆかり・互 恵子 (1990). メーキャップの心理的有用性 香粧会誌, **14**, 163-168.

Valsiner, J. (2000). *Culture and human development: An introduction*. London: Sage.

Valsiner, J.(2001). *Comparative study of human cultural development*. Madrid: Function Infanciay Aprendizaje.

Valsiner, J. (2007). *Culture in minds and societies: Foundations of cultural psychology*. New Delhi: Sage Publications. India Pvt.

Valsiner, J. (2007). Methodology for cultural psychology: Systemic, qualitative, and idiographic. In J. Valsiner, *Culture in minds and societies: Foundations of cultural psychology*. New Delhi: Sage Publications. India Put. pp. 358-389.

Valsiner, J. (2011). Assessment and its discontents: A view from cultural psychology. *Key note presentation at the 11th European confernce on psychological assessment*, 1-

15.
Valsiner, J., & Sato, T.（2006）. Historically Structured Sampling（HSS）: How can psychology's methodology become tuned in to the reality of the historical nature of cultural psychology? In J. Straub, C. Kolbl, D. Weidemann, & B. Zielke（Eds.）, *Pursuit of meaning : Theoretical and methodological advances cultural and cross-cultural psychology*. Bielefeld : Transcript Verlag. pp. 215-251.
Vygotsky, L. S.（1929）. The problem of the cultural development of the child Ⅱ. *Journal of Genetic Psychology*, **36**, 415-434.
Wertsch, J. V.（1991）. *Voices of the mind : A Sociocultural approach to mediated action*. Cambridge : First Harvard University Press.（ワーチ，J. V. 田島信元・佐藤公治・茂呂雄二・上村佳世子（訳）（2004）. 心の声——媒介された行為への社会文化的アプローチ 福村出版）
山岸俊男（2006）."文化"を生きる——実践と制度. 日本心理学会2006年度大会シンポジウム.
やまだようこ（編著）（2000a）. 人生を物語る——生成のライフストーリー ミネルヴァ書房
やまだようこ（2000b）. 人生を物語ることの意味——なぜライフストーリー研究か？ 教育心理学年報, **39**, 146-161.
やまだようこ（2004）. 質的研究の核心とは 無藤 隆・やまだようこ・南 博文・麻生 武・サトウタツヤ（編） 質的心理学—創造的に活用するコツ 新曜社 pp. 8-13.
やまだようこ（2006）. 質的心理学とナラティヴ研究の基礎概念——ナラティヴ・ターンと物語的自己 心理学評論, **49**, 436-463.
やまだようこ（2007a）. 質的研究における対話的モデル構成法——多重の現実, ナラティヴ・テクスト, 対話的省察性 質的心理学研究, **6**, 174-194.
やまだようこ（2007b）. 質的心理学とは やまだようこ（編） 質的心理学の方法——語りをきく 新曜社 pp. 2-15.
やまだようこ・山田千積（2006）. 看護学において「生活者」の「生活」を描くための研究方法「ライフストーリーの樹」モデル——専門家と生活者の場所と糖尿病のナラティヴ 看護研究, **39**, 51-63.
やまだようこ・山田千積（2009）. 対話的場所モデル——多様な場所と時間をむすぶクロノトポス・モデル 質的心理学研究, **8**, 25-42.
米澤泉（2008）. コスメの時代——「私遊び」の現代文化論 勁草書房
吉田じゅん（1984）. 化粧の心理的効用 フレグランスジャーナル, **12**, 36-38.
Young, I. M.（2005）. *On female body experience : "Throwing like a girl" and other essays*. New York : Oxford University Press.
Zittoun, T.（2012）On the emergence of the subject. *Institute of psychology and education*, **46**, 259-273.

資　料

　資料は，資料1から資料3まであり，順に，第4章（研究1）から第8章（研究4）で用いたフェイスシート，インタビュー・ガイド，分析結果の図によって構成されている。語りデータに関しては，各章での分析に直接関係しないものについては省略することとした。

　資料1は，資料1-1から資料1-3まであり，第4章（研究1）の資料である。第4章において実施した研究のフェイスシートを資料1-1とした。資料1-2はインタビュー・ガイドである。そして，資料1-3は各調査協力者の分析結果のモデルである。

　資料2は，第6章の資料である。第6章において実施した研究の事前調査の質問紙を資料2-1，フェイスシートを資料2-2とした。そして，資料2-3は各調査協力者の分析結果のモデルである。

　資料3は，第7章の資料である。第7章において実施した研究のための事前の調査票を資料3-1とした。そして，資料3-2は各調査協力者の分析結果のモデルである。

資料1　第4章資料

■資料1-1　調査依頼書

平成　　年　　月　　日

_____ 殿

調査の実施について
（ご依頼）

　日頃，格別のご高配を賜り，誠に有り難く，厚く御礼申し上げます。
　さて，この度，下に示すようなテーマについての研究を進めており，そのための若干の聞き取り調査を，タミー木村さまを協力者として実施させていただきたいと希望しております。
　つきましては，ご多忙のところ誠に恐縮ですが，この研究の意義と目的をご理解くださいまして，調査についてのご許可を賜りますようお願い申し上げます。
　なお，調査の実施と資料の取り扱いにつきましては，ご指示に従い，様々な配慮に欠けることのないよう，責任を持って行いたいと思います。

記

研究科　学年：教育学研究科　修士課程2年
氏　　　名：木戸　彩恵
研究テーマ：化粧行為の心理プロセスのナラティヴ分析
インタビュー内容：本研究は，化粧に対する女性の意識を心理学的に検討することを目的としています。特に，日常場面において化粧をする際に意識する他者は，一般にはTPOに応じた不特定多数の「想定された他者」であると考えられます。そこで，実際に，ご自身が化粧をする際に，また，メークアップ・アーティストとして化粧を施す際に，どのようなことを念頭におきながら化粧をしているのかという点についてお話を伺いたいと考えています。

　お手数をおかけいたしますが，調査依頼に対するご回答を，下記のアドレス・住所・もしくは電話番号のいずれかにいただけますようお願いいたします。

資料 1　第 4 章資料　173

■ **資料 1-2　インタビュー　フェイスシート**

　　　　　　　　　化粧インタビュー　フェイスシート

調査にご協力いただきありがとうございます。

本日は，化粧行為とご自身の関わり方について，インタビュー調査を実施させていただきます。調査の実施に当たり，以下の2点についてご承諾の上ご参加下さいますようお願いいたします。よくお読みいただけますようお願いいたします。

1. 必要性に応じて，調査内容を修士論文の一部として利用する可能性があること。
その際には，倫理的配慮として，プライバシーに関わること，個人の特定化ができないように配慮して論文としてまとめます。

2. 再度インタビューをお願いすること。

なお，インタビューは基本的にレコーダーにて録音させていただきます。プライバシーに関わることや，録音されたくない内容についてお話になる場合には，事前にお申し出くだされば，録音をいったん停止させていただきます。その際には，ご遠慮なくおっしゃってください。
あなたのことについて差し支えのない範囲でご記入くださいますようお願い申し上げます。質問の中でお答えになられたくない部分は空白にしておいて頂いて結構です。
記入は ペン でお願いします。

　　　　お名前
　　　　ご所属
　　　　ご年齢　　　　歳

1. 記憶している中で，人生で初めての化粧はいつですか？（　　　歳　　　月）
当てはまるものに○をつけてください
1. した　　　　　2. された　　　　　3. したこともされたこともない

2. 化粧を自分でした経験のある・もしくはする人は以下の質問にお答えください。

化粧を始める以前に化粧に興味を持っていましたか？　　YES　・　NO
化粧を初めて自分でやってみたのはいつですか？　（　　　歳　　　月）
　　　日常的にやり始めたのはいつですか？　　　（　　　歳　　　月）
化粧にどのくらいの時間をかけていますか。　　（　　　）分程度

なぜはじめようと思いましたか？（自由にご記入ください）

┌─────────────────────────────────┐
│　　　　　　　　　　　　　　　　　　　　　　　　　　　　　　　　│
│　　　　　　　　　　　　　　　　　　　　　　　　　　　　　　　　│
└─────────────────────────────────┘

化粧をする・しない場面について（ご自由にご記入ください）
化粧を必ずしていかなければならないと感じるのはどのような場ですか？
また，どのような理由からそのように感じますか？

化粧をしなくていいと感じるのはどのような場ですか？
また，どのような理由からそのように感じますか？

化粧をする・しないを迷うのはどのような場ですか？
また，どのような理由からそのように感じますか？

その他，ご意見がありましたらご自由にご記入ください

質問はこれで終わりです。ご協力ありがとうございました。

■資料1-3　インタビュー・ガイド

①自分化粧史
1）化粧をどのような経緯で始めたか
（どのような対象にあこがれ，何を目的に化粧をするようになったのか）
2）時代背景として，化粧がどのように社会的に認知されていたか
（協力者に世代のばらつきがあるため，流行，社会的役割等，化粧に影響を及ぼすと考えられる事項について語りを得る）
3）現在の自らと化粧との関わりについて

②化粧をする（もしくは他者に施す）際に，意識すること
1）化粧が強要されている場合・そうでない場合・もしくはどちらでもないと感じる場合の具体的状況について（複数ある場合には，複数で
―パーソナル―オフィシャル間の特定場面における，「仮定された他者」がいかに化粧を方向付けているのか
2）「人前（社会的場面）」に出る場合の化粧と素の状態の心理変容
―オフィシャルな場において特に居心地の悪い思い（周囲とのズレを感じる等）をした経験
―パーソナルな場面での化粧行為について
3）相手に対して装うという感覚（人から見られる自分と，それに対して装う行為）は，どのように形成したか。また，他者に対する自己イメージは状況によって変わるのか。もし変わるなら，どのように変わるのか。（「仮定された他者」の宛先が変化することによる化粧行為とその心理的変容過程について）

③化粧プロセス
1）手順と使用する化粧品について
2）特に化粧の出来ばえに重要だと思う部位
3）「いつも」の化粧と特別な化粧の使い分け（協力者の語りを中心に）
4）「特定の人（＝仮定された他者）」が決まっている状態での化粧と，「特定する人」がいない時の化粧の違い

④化粧をすることによる効用感
1）化粧が対人場面においてどのような役割を果たすと考えているか
――一般的な女性が，それをどう捉えていると考えているか
2）化粧をすること自体の意義がどういったものになっているのか

資料2　第6章資料

■資料2-1　インタビュー事前調査

この調査はあなた自身の化粧に対する意識について調べようとするものです。あなた一人の回答のみを問題としたり，公表することはありませんので，ご協力いただければ幸いです。お答えになりたくないことはご回答頂かなくても結構です。（ ペン でご記入下さい）

1. あなたは化粧をしたことがありますか？　当てはまるほうに○をつけてください。

YES　・　NO

2. あなたは日常（外出するときなど）どのような場合に化粧をしますか？　化粧をする場面や目的を自由に記入してください。

3. 化粧をする際に（もしくは，するとしたら）特にどのようなことに気をつけますか？

4. 化粧に関する情報などはどのようにして集めていますか（集めると思いますか）？

質問は以上です。ご回答ありがとうございました。

最後にあなたのことについてお答えください。（お答えになりにくい場合は空欄にしていただいて結構です。）

年齢　（　　）歳　　　　　性別　男　・　女

■資料 2-2　インタビュー

フェイスシート

質問の中でお答えになられたくない部分は空白にしておいて頂いて結構です。記入は ペン でお願いします。

1. 記憶している中で人生で初めての化粧はいつですか？（　　　歳　　　月）

当てはまるものに○をつけてください
1. した　　　　2. された　　　　3. したこともされたこともない

2. 化粧を自分でした経験のある・もしくはする人は以下の質問にお答えください。
化粧を始める以前に化粧に興味を持っていましたか？　　YES　・　NO
化粧を初めて自分でやってみたのはいつですか？　（　　　歳　　　月）
化粧を日常的にやり始めたのはいつですか？　　　（　　　歳　　　月）
化粧にどのくらいの時間をかけていますか。　　　（　　　）分程度

なぜはじめようと思いましたか？

{

}

3. 化粧をしない人は・もしくはやらない人は以下の質問にお答えください。
化粧をしないのはなぜですか？

{

}

化粧を自分でやってみたことはありますか？　　YES　・　NO

4. 今のあなたにとって化粧とは何ですか？
なくてはならないもの　・　別になくてもいい　・　したくない

5. その他ご自由にご記入ください。

{

}

最後に，あなたのことについてお答えください。
被験者名（　　　　　　　　）
所属　　（　　　　　　　　）　年齢（　　　　）歳

再度調査にご協力していただく場合があります。（簡単なインタビューです。）お答えいただけるという方は，以下の連絡先の所にご記入をお願い致します。

連絡先　　ＴＥＬ：
　　　　　E-MAIL：　　　　　　　＠

　　　　　　　　　　　質問はこれで終わりです。ご協力ありがとうございました。

■資料 2-3　調査協力者別分析結果

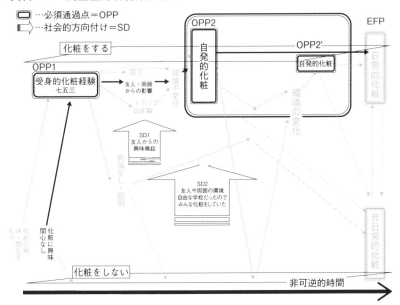

資料 2-3-1　マキさんの化粧行為の選択プロセス

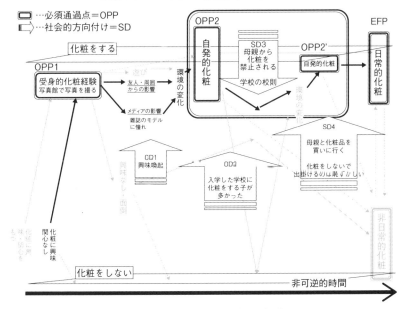

資料 2-3-2　ユイコさんの化粧行為の選択プロセス

180　資　料

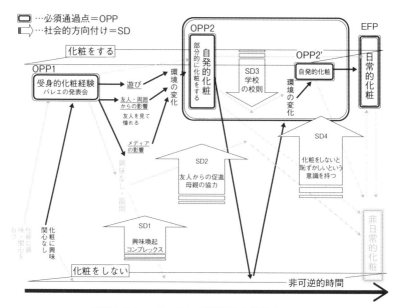

資料 2-3-3　ハルナさんの化粧行為の選択プロセス

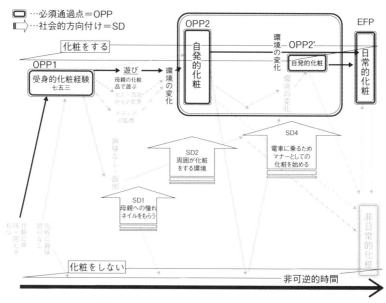

資料 2-3-4　ユミさんの化粧行為の選択プロセス

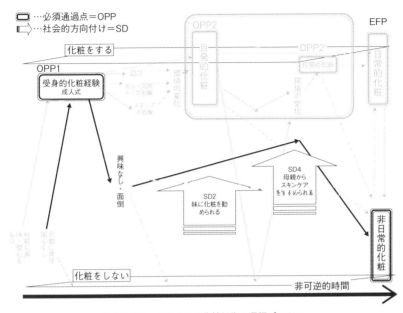

資料2-3-5　エミさんの化粧行為の選択プロセス

資料3　第7章資料

■資料 3-1

インタビュー事前調査

調査日時　　　　年　　月　　日　　：　～　：
場所　（　　　　　　　　　　　　　　　　　　　　　　　　　　　）
名前　（　　　　　　　　　　　　　　　　　　　　　　　　　　　）
所属　（　　　　　　　　　　　　　　　　　　　　　　　　　　　）
写真撮影の承諾　　　　　　OK　　or　　NO

これから化粧についてインタビューさせて頂きます。質問の内容が不明な場合は随時聞き返していただいて結構です。不快に感じた質問やプライバシーに関わる内容でお答えになりたくないことはお答えいただかなくて結構です。
調査内容は基本的に録音させていただきますが，録音されたくない部分があればお知らせください。

インタビューの際に以下の項目について必ずお話ください。
1・化粧をいつごろから認識していたと思いますか？（思い当たる範囲で結構です）
2．日本での化粧経験について
　　いつごろ化粧を始めたか
　　（具体的に何歳ごろどういったきっかけで）
3．アメリカに来てからの化粧
　　（日本にいたときの容貌管理と比較して）
4．化粧に対するイメージ
5．化粧をする人・しない人それぞれについて対してどう思うか
6．日本にいるときとアメリカに来てからの化粧観の違い
7．その他化粧に関することで他に何かありましたらご自由にお話ください。

　調査にご協力頂きありがとうございました。最後にあなたのことについての質問にお答えください。お答えになりたくないことは記入を控えていただいて結構です。（次ページ）

　　年齢　　　　　　　　　　　　　　　歳
　　アメリカ（海外）での滞在年数　　　年　　ヶ月
　　ご自分で初めて化粧をした年齢　　　歳

資料3　第7章資料　183

■資料3-2　調査協力者別分析結果

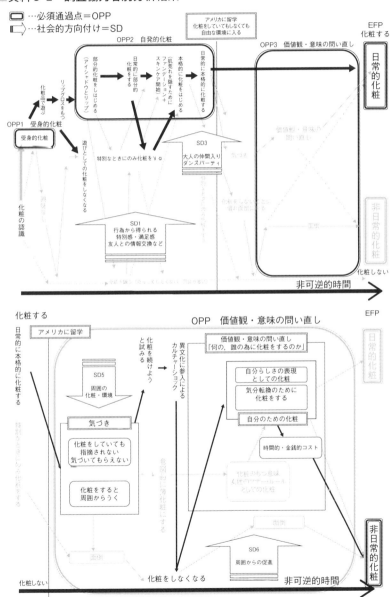

資料3-2-1　ミユキさんの化粧行為の選択プロセス

184 資料

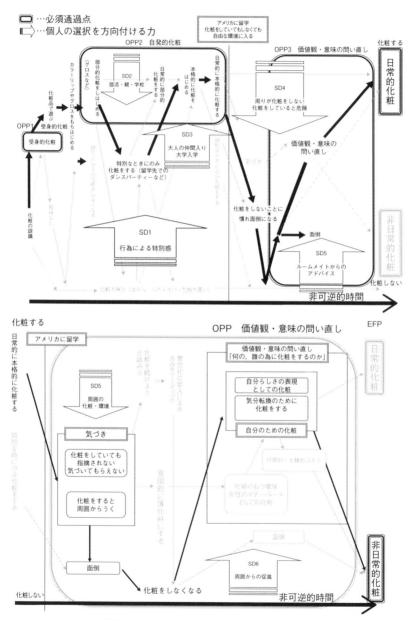

資料 3-2-2 ナツコさんの化粧行為の選択プロセス

資料3 第7章資料

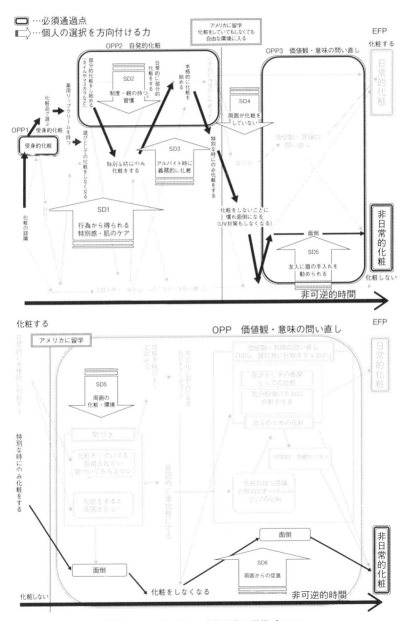

資料3-2-3 カヨさんの化粧行為の選択プロセス

186 資料

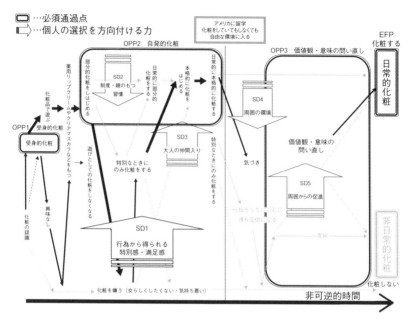

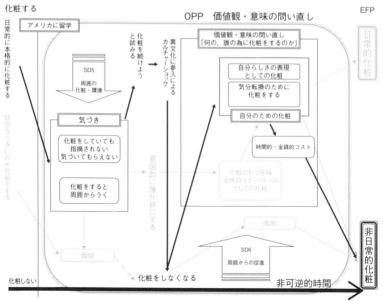

資料3-2-4 ルミさんの化粧行為の選択プロセス

あとがき

　自分ではまだうまくできないけれど，化粧をうまく使いこなすことに大きな意義と価値があると感じていた学部学生時代に筆者は化粧研究を始めた。化粧や美意識に最も敏感になるこの時期にはじめた研究が10年間の月日を経て一冊の本としてまとまったことを筆者は素直に嬉しいと感じている。

化粧を学術的な議論の遡上にのせる難しさと面白さ
　筆者にとって，化粧研究は大変面白いものである。その面白さの一つは，化粧そのものが高次の心的過程に基づく現象であること，そしてもう一つは，化粧を介して女性の人生を垣間見ることができることである。
　本文にも記したように，1980年代には化粧心理学が出来上がっていた。しかし，大学院教育のレベルでは全く化粧心理学という分野があるということ自体理解されていなかった。そのような状況のなかで，男性の割合が多い教授陣の前で化粧の話をすること，そして化粧研究を学術的な議論の一つとして認めてもらうことは思いの外難しかった。化粧というだけで軽く薄いテーマだと考えられ，端から相手にされないこともあった。また，「ファンデーション」「アイブロウ」という化粧品の名称をあげたところで「わからない」の一言で一蹴され，議論終了ということもあった。
　一方で，先行研究の少なさから心理学の範疇を超えて社会学や人類学などの文献にあたる機会や，資料や研究会で化粧やよそおい，そして美について狭く・深く学ぶ機会が得られたことは，筆者にとってとてもありがたく，幸せなことでもあった。
　現在では，「化粧研究をしています」というと，多くの人が関心を示してくださるようになった。心理学の研究テーマ自体に多様性が認められるという意味での機が熟したのかもしれないし，化粧心理学自体がじわじわと認められるようになってきたのかもしれない。背景はよくわからないが，ただ純粋に議論

を蟠りなくはじめさせてもらえることを嬉しいと感じている。化粧という現象は一見すると軽く扱いやすいテーマのようにみえるが，実際はとても心理学的な示唆に富む現象であり，課題も多い。ぜひ多くの人に化粧について考える機会をもってもらいたい。

文化としての化粧，発達のなかで文化を身にまとっていくこと

化粧研究を進めるにあたり，心理学の研究としてどの領域にポジショニングするかもまた，筆者には悩ましい課題の一つであった。これまでの化粧心理学に対する筆者の不満は，化粧という研究の前提となる現象自体が単なる素材として扱われており，そのため，学術的な議論の対象として社会的な価値体系をはっきりともたないと感じることだった。

これに対して，筆者は文化として化粧をとらえ直し，発達のなかで人が主体的に化粧行為の意味や価値を取り込んでいく様子について，発達・文化・社会の視点を取り入れたアプローチに基づき研究しようと考えた。人間が文化として何かをする場合にはそこには（明示的にも・暗示的にも）意味が生じる。日々の行為（activity）として実践している営みは，意味づけられて記号（sign）となる。そして，歳月をかけて最終的にその人の価値体系へと内化され信念（belief）へと発達する。

この考えは文化心理学の基礎となる考え方である。文化を自分なりに選択し身にまとうことで，私たちは各々の人生を形づくっていく。

このようにして，高次の精神過程として発達していく文化自体に多くの人は無自覚である。だが，自分自身の足元にある文化が自らの心理に影響を与えることに気づくことで新たな意味の発見や，よりよい生の発見につながると筆者は考えている。

次の布石へと向けた課題

本書において，ひとまず化粧行為の形成と発達について筆者が行ってきた研究成果をまとめることができた。次なる課題は，本文にも記したように発達の軸を拡張してとらえることと，テーマを拡充させることである。

化粧への関心は長期化する傾向にある。化粧を通して発達を考えるための軸

の拡張可能性は，今では幼少期から老年期までに及ぶ。また，テーマの拡充についても，化粧やよそおいはもとより，それに関連づけながら衣食にまで拡げることができる。

　さらなる課題は，本書では敢えて触れなかった「美」の観点を結びつけていくことである。美は文化と密接に結びつき，人の心を動かす。「美」を結びつけていくことで，文化的によりよく生きる方法をデザインするためのヒントを得ることができると期待している。

読者の方，ならびに本書の出版に向けてお世話くださった方に向けて
　まずは，筆者の拙い論考をここまで読み進めてくださった読者の方々にお礼を申し上げたい。論文のなかで，筆者なりには一貫した視点に立ち，筋を通したつもりだが，読者からみると筋の通っていない部分，つながりがみえない部分があるかもしれない。また，読者の視点として違和を感じる部分もあるかもしれない。そのような点については，筆者に忌憚のないご意見やご感想をお寄せいただき，さらなる議論のきっかけをいただければこれ以上の喜びはない。
　本書のもととなる博士論文を書くまでには，立命館大学（京都大学名誉教授）やまだようこ教授と立命館大学サトウタツヤ教授にご指導をいただいた。筆者はいわゆるお二人の合いの子である。サトウ教授にとって私は，立命館大学で教授がゼミをもったときの最初の学生であり，背番号1番をいただいている。やまだ教授にとって私は，京都大学で主査を担当頂いた最後の博士論文生である。質的研究を牽引してこられた両教授にとっては，今なお不出来な弟子だという自覚がある。そんな筆者にもフェーズに応じて的確なご指導ならびにご助言をくださり，自由にのびのびと育ててくださったことをとても感謝している。両教授ならびに筆者の博士論文の審査をつとめてくださった京都大学明和政子教授と溝上慎一教授には，この先一生かけてもとても恩を返すことがかなわないだろうが，本書の出版をもって一先ずのお礼に代えさせていただきたい。
　なお，本書の出版にあたっては，ナカニシヤ出版の山本あかねさんに大変お世話をおかけした。博士論文を執筆して間もない筆者に，はじめに出版についてのお声かけをくださったのが山本さんだった。偶然とはいえ，同い年の若い女性の編集者だったこともあり，出版の機会が得られた暁にはぜひ山本さんに

担当をお願いしたいと考えていた。今回，その想いがかない形になったことを本当に嬉しく感じている。山本さんには出版にあたって多大なるご迷惑をおかけしたことを伏してお詫びするとともに，心からの感謝の気持ちをお伝えしたい。

なお，本書は2012年度京都大学大学院教育学研究科に提出した筆者の博士論文「化粧行為のナラティヴ分析―社会文化的文脈における関係性をめぐって」を再構成したものである。本書の出版にあたり，立命館大学学術図書出版推進プログラムに助成を受けた。

本書は，筆者の研究者としての原点となるものである。理論的な穴も多く，うまくまとまりきらず言語化しきれていない部分は今後の課題である。筆者自身，研究者としても一人の女性としてもまだまだキャリアが浅い。しかし，一方向に進む時間を原動力とし，進みゆく時間に取り残されないよう，今後も化粧というテーマを原点にライフワークとして大切に研究を続けていきたい。

さいごに

最後に，筆者を心理学に出会わせてくれた高校時代の恩師の荻田千佳子先生，美しいもの・ことについて教えてくれた父方の祖母，学び続けることの大切さを教えてくれた母方の祖母，そして「あなたはあなたの能力以上のことをしている」とぼやきつつも筆者の研究活動を見守り，支援し続けてくれた両親と姉に対する感謝の気持ちをここに記しておく。

2015年3月　祖母のお誕生日に
木戸彩恵

人名索引

A
阿部恒之　4, 11, 12, 14, 19, 98, 140
Arakawa, A.　103
Ardiccioni, R.　53
有元典文　33, 34, 154, 158

B
馬場安希　84
Bakhtin, M. M.　2, 6, 27, 36, 37, 54, 132
Baltes, P.　113, 114
Beausoleil, N.　157
Bertalanffy, L.　115
Bhabhha, H. K.　30
Billing, M.　36
Boulbry, G.　53
Bourdieu, P.　29, 142
Bowen, M.　15
Bredo, E.　40
Bronfenbrenner, U.　38
Bruner, J. S.　6, 26, 27, 32, 33, 35, 36, 38, 46

C
Cash, T.　15
Chamboredon, J.　142
趙　鏞珍　16
Clancey, W. J.　36
Clark, K.　36
Cox, C. L.　118
Crocket, K.　6, 30, 140, 144
Crossley, M.　25, 30, 38, 46

D
大坊郁夫　11, 12, 15, 16, 20, 21, 108
Daniels, H.　40
Davis, P.　15
Dawson, K.　15
Dellinger, K.　16, 17, 143, 144

E
Emerson, C.　37
遠藤利彦　149
Epston, D.　6, 30, 140, 146

F
Frank, A. W.　29
Frick, U.　32
Friedman, G.　20, 51

G
Galmbeck, C.　15
Gallimore, D.　30, 151
Gergen, K. J.　152
Glaser, B. G.　56
後藤　隆　56
Graham, J. A.　12, 13
Gueguen, N.　53

H
濱畑章子　13
Hart, H. M.　45
春木　豊　111

Hermans, H. J. M.　36, 80, 86, 97, 134, 153
Hermn, D.　24, 28
東村知子　152
平松隆円　139
Holquist, M.　36, 37
細江達郎　19
藤井誠二　112
藤原康晴　54
文野　洋　38
Hussey, T.　20, 53
藤林真美　14

I
五十嵐　茂　36
猪俣　剛　160
石田かおり　113, 138, 142
磯貝芳郎　39
磯前順一　30, 153
伊藤　崇　31
岩脇三良　85
泉　千勢　154

J
Jackson, L. A.　146
Jacob, C.　53
Jahn, M.　24, 28

K
神谷栄司　37, 155
柏木恵子　84
加藤由有　13
川合あさ子　110
Kempen, H. J. G.　36,

80, 86, 97, 134, 153
Kido, A. 103
木戸彩恵 14, 58, 79, 102, 105, 108, 116, 120, 145
木村 敏 159
Klingman, A. M. 12, 13
小林茂雄 159
小嶋秀夫 45, 118
小松美砂 13
神山 進 53, 159
久下 司 10
国重浩一 6, 30, 140, 146

L
Leve, J. 40
Leveque, J. 20, 53
Levinson, D. J. 19
Lindenberger, U. 114

M
Mack, D. 15
前田和男 138
マグダーノ, T. M. 13, 144
Maruna, S. 45
松本珠希 14
Matusov, E. 31
McAdams, D. 29, 45, 154
Miller, L. C. 118
南 博 19
箕浦康子 39, 156, 158
溝上慎一 80, 86, 97, 134, 153
Mizoguchi, H. 103
Monk, G. 6, 30, 140, 146
森 直久 129
森田京子 129

森谷敏夫 14
Moro, Y. 156
茂呂雄二 36
村澤真博人 3, 16

N
長野 敬 115
Nash, R. 20, 53
西倉実希 17
能智正博 47
野澤桂子 13, 144

O
小田博志 32
岡部大介 33, 34, 154, 158
岡本夏木 6, 26, 27, 32, 33, 35, 38, 44
Olson, B. 29, 43
大渕律子 17
大森荘蔵 40
呉 宣児 56
大田香織 14
太田邦昌 115

P
朴 東燮 36
Paquet, D. 3
Park, D. 156
Peiss, K. 154, 160
Pineau, P. 20, 53

R
Rainey, D. 15
Riessman, C. K. 25
Rudd, N. A. 15
Ryan, M. L. 24, 28

S
Sadker, D. 110

Sadker, M. 110
斉藤雅人 14
佐々木喜美子 14
Sato, T. 41, 49, 102, 103, 118, 135
サトウタツヤ 14, 102, 105, 108, 116, 120, 135, 150, 153
新谷敬三郎 27, 36, 37
白井利明 46
Shotter, J. 36
Staudinger, M. 114
Stone, G. P. 111
Strauss, A. L. 56
菅千帆子 14
杉山真理 159
角山富雄 25, 30, 38, 46
鈴木ゆかり 98
Synnott, A. 79

T
互 恵子 98
田垣正晋 31
田原音和 142
田島信元 28, 156
高田沙織 102
高木光太郎 29
高木 修 12
高取憲一郎 34, 160
田辺繁治 29
田中勝博 25
田中一彦 32
都筑 学 81
當眞千賀子 28

U
宇山侊男 98

V
Valsiner, J. 33, 34, 41, 45,

49, 85, 102, 103, 116, 118, 129, 135, 143, 150, 155, 156

Vygotsky, L. S.　33

W

Wertsch, J. V.　28, 156
Williams, C. L.　16, 17, 143, 144
Winslade, J.　6, 30, 140, 146

Y

山田千積　39, 41, 48, 55, 77, 78, 89, 100, 133, 134, 150
やまだようこ　24, 26, 31, 38, 39, 41, 45-48, 54, 55, 58, 77, 78, 89, 100, 133, 134, 147, 150, 158

山岸俊男　129
Yasuda, Y.　103
安田裕子　102
米澤　泉　157
吉田じゅん　12
吉井　隆　14
Young, I. M.　46

Z

Zittoun, T.　157

事項索引

あ
アイディンティティ・ポリティックス　129
宛先　6, 37, 48, 54, 132, 160
　──概念　6
　──の場所　60
生きられた身体(lived body)　46
意味の行為　6, 32, 38, 46, 143
インタビュー　57, 88, 119
in-between-personal　12
オルタナティブ　140

か
語り(narrrative)　46
価値観・意味の問い直し　121
関係的(inter-personal)　12
記号化(symbolization)　38
基本構図(Composition)　58, 133
基本要素(Element)　58, 133
基本枠組み(Framework)　58, 133
ケア　11, 13
経験の組織化　38
化粧
　受身的──　115
　──心理学　4, 12
　──の価値・意味の自己省察過程　121, 128
　──品　11
　自発的──　108, 115
　習慣化した──　113
　対話的──(dialogical make-up)　149, 159, 160
　普段──　61
　部分的──　108
　部屋──　61
　本格的──　110
　よそ行き──　61
欠点克服型　109
行為の相対化と気づき　121
高次精神機能　33
公的自己意識　118
幸福感(ウェルビーイング)　15
声　37
個人内的(intra-personal)　11
個人モデル　95
コミュニティからの抑制　124

さ
サバイバル戦略　129
自己
　──創造(self-creation)　79
　──呈示　20
　──のポジション(I-position)　80
　──表現(self-expression)　79
社会
　──・文化的アプローチ　31, 44
　──・文化的文脈　2, 21, 30, 31, 44, 48, 54, 55, 84, 85, 96, 102, 150, 154
　──－発生的法則　34
　──化の先取り　111
　──規範への同調　52
　──心理学　11, 15
　──的ことば(social language)　156
　──的示唆(social suggestion)　156
　──的スキル　15, 20
　──的方向づけ(social direction)　103, 107, 135, 157
　──の写し(a copy of the social)　33
生涯発達心理学　19
省察性(reflexivity)　158
人生の年輪モデル　77, 89
スイッチング　94, 95
スノーボール・メソッド　56, 103, 119
性格特性　20
生活の質　15
性役割　15
　──固定観念　85
生理心理学　14
セラピー・メイク　144
セルフ・イメージ(自己

像：self image）　159
戦略的適応　129
ソシオ・エステティック
　144

た
対人コミュニケーション
　15
対人魅力　53
　——度　16
対話　6, 26, 36
　——的自己　134
　　　——理論　80, 86, 97
　——的省察性　158
　——理論　54
他者性　66
多重場所モデル　41, 48,
　89, 133, 134
特権化　28
トピカル（局所・時局的）
　55
場所　39, 132
トポス（topos）　55

な
内部／外部ポジション
　97
ナラティヴ　25, 44, 54,
　55, 146
　　　——・アプローチ　2,
　　　137
　　　——・セラピー　138,
　　　145, 146

　——・セルフ　45
　——・ターン　24, 25
　——・ハビトゥス　29
　——研究　24, 44
　——心理学　24
　——的自己観　152,
　153
　——分析　54, 132
　——モデル　47, 150,
　151
　——論　5

は
場合（occasion）　84
パーソナリティ印象　16
媒介　31, 34, 55, 160
場所モデル　76
発達心理学　19
ハビトゥス　29, 142
比較文化心理学　15
必須通過点　105
ビューティフィケーション
　12
フォークサイコロジー
　32
複線径路・等至性モデル
　41, 49, 102, 103, 115, 118,
　120, 135, 150
文化心理学　34, 35, 102,
　135
分権化　97
変容　48
ポイントメイク型　109

ポジショニング　140
　——概念　86
ボディ・イメージ（身体
　像：body image）　159

ま
マスター・ナラティヴ
　28
「見られる」視点　52
「見る」視点　52
免疫学　14
モード　86
モデル構成理論　58, 150

や
薬事法　11
役割（role）　84
やつし　142
誘因　129
容貌印象管理　15
予防医学　15

ら
ライフサイクルの心理学
　19
理論的サンプリング　56
臨床心理学　13
レイヤー（階層）モデル
　95
歴史的構造化サンプリング
　102, 103, 119

著者紹介

木戸彩恵（きど　あやえ）
立命館大学立命館グローバル・イノベーション機構　専門研究員
博士（教育学）
主著に，『社会と向き合う心理学』（共編著，新曜社，2012）など。

化粧を語る・化粧で語る
社会・文化的文脈と個人の関係性

2015年3月30日　初版第1刷発行　　（定価はカヴァーに表示してあります）

著　者　木戸彩恵
発行者　中西健夫
発行所　株式会社ナカニシヤ出版
　　　　〒606-8161　京都市左京区一乗寺木ノ本町15番地
　　　　　　　TEL 075-723-0111　FAX 075-723-0095
　　　　　　　http://www.nakanishiya.co.jp/
　　　　　Email　iihon-ippai@nakanishiya.co.jp
　　　　　　　郵便振替　01030-0-13128

装幀＝白沢　正
印刷・製本＝亜細亜印刷
Printed in Japan.　　Copyright© 2015 by A. Kido
ISBN978-4-7795-0955-1